MANUAL DO EMPRESÁRIO:

TEMPO DE CRESCER

Keith Churchouse

© Dezembro de 2013

Tradução de Rosana Reicher Chazan
(rosanachazan@reicher.com.br)

Revisão de Valeria Haasper
(corrija-me@outlook.com)

Manual Do Empresário:

MANUAL DO EMPRESÁRIO.
TEMPO DE CRESCER

TÍTULO ORIGINAL:
THE RECESSION IS OVER.
TIME TO GROW

KEITH CHURCHOUSE
MAIO DE 2013

1.a EDIÇÃO

Agradecimentos

À Esther Dadswell

O meu primeiro agradecimento, como sempre, vai para Esther, a minha esposa e sócia; foi graças às suas atividades e proezas de engenharia que a produção do texto destas páginas foi possível. Esther, sua capacidade de gerir um grande volume de trabalho foi fundamental para alavancar o nosso sucesso empresarial.

Também sou-lhe grato pela forma implacável como exerce a sua orientação em relação à minha contínua atividade de escritor.

Obrigado por estar sempre ao meu lado.

Eu não teria empreendido a melhor parte das minhas diversas e numerosas jornadas sem você.

À Rosamund e Roger Churchouse

Como sempre, agradeço-lhes, meus pais queridos, por me aturarem.

A nossa convivência tem sido tanto divertida quanto inspiradora. A sabedoria que me transmitiram e os conselhos que me deram têm um enorme significado para mim.

À equipe da Faculdade de Guildford

Obrigado por terem me encaminhado o estagiário Jack Bishop: graças à sua competência consegui libertar-me um pouco da empresa para me dedicar à elaboração deste livro.

À minha equipe de tradução

Os meus livros assumiram uma vida muito mais diversificada do que eu jamais poderia ter imaginado graças ao cuidado, à atenção e à ajuda de minhas amigas brasileiras Rosana Reicher Chazan e Valeria Haasper. A minha «equipe de tradução» deste país glorioso me ajudou a desenvolver uma abordagem internacional para a minha atividade de escritor. Por isso, eu sou muito grato. Estou ansioso por trabalhar com vocês em todos os nossos projetos futuros.

Aos meus fiéis amigos e colegas de trabalho

Gordon B, Steve W, Kevin L, Donald McN, Phil B, C Marc e outros; é sempre uma alegria manter contato com vocês.

Às mãos orientadoras que me ajudaram neste livro:

Meus agradecimentos a:
Fiona Cowan, Words That Work (Palavras que Funcionam)
Contato: wordsbird.wordpress.com

Graham Booth, Creation Booth (Cabine de Criação)
Contato: www.creationbooth.com

E, finalmente, aos meus clientes passados, presentes e futuros

Os meus mais calorosos agradecimentos a vocês, sem os quais eu não teria apreciado a minha jornada pela abertura, incubação, desenvolvimento, crescimento e maturidade de empresas bem-sucedidas.

Obrigado.

Copyright Keith Churchouse 2013

Keith Churchouse se declara no direito moral de ser identificado como autor deste trabalho, em conformidade com a Lei de Direitos Autorais, Patentes e Design do Reino Unido, de 1988.

ISBN 978-0-9573125-5-5

Informações e contatos adicionais podem ser encontrados em: www.the-recession-is-over.co.uk

Nenhum aconselhamento financeiro ou assessoria jurídica de qualquer natureza foram oferecidos ou considerados como tendo sido fornecidos ao longo do texto deste livro.

Alguns dos nomes, títulos, sequências, áreas e datas foram alteradas para garantir que este trabalho retrate uma experiência pessoal e não aquela de pessoas físicas ou jurídicas. Qualquer semelhança com pessoas e grupos é mera coincidência. Este livro é também uma expressão da opinião pessoal do autor e da sua visão sobre o futuro da economia, nacional e global.

Para cada livro vendido será feita uma doação para o Projeto Felicidade. (felicidade.org.br)

Outros Livros escritos por Keith Churchouse:

Assine aqui, aqui e aqui!
Jornada de um consultor financeiro.
ISBN: 978-0-9564325-7-5

A vida após o divórcio. Começar de novo.
ISBN: 978-0-9573125-0-0

Conteúdo

Prefácio

Por Sir Christopher Snowden (membro da Sociedade Real de Londres [FRS] e da Academia Real de Engenharia do Reino Unido [FREng]).

Enquanto escrevo este prefácio, a economia global está mostrando sinais de recuperação com relação aos efeitos da grave recessão. No Reino Unido já são evidentes os primeiros indícios de recuperação: em 2012 a economia teve um crescimento de 0,3 por cento, e as estatísticas de emprego dos primeiros meses de 2013 foram encorajadoras.

Este é o momento ideal para que as empresas tirem proveito das perspectivas favoráveis ao crescimento. As economias que emergem da recessão proporcionam reais oportunidades para o seu negócio e este é o momento de aproveitá-las. O setor comercial vai recuperar o ímpeto, e as decisões empresariais a serem realizadas num futuro próximo serão vitais aos resultados e ao sucesso da sua empresa nos próximos anos.

Este livro é voltado àqueles que já estão gerindo empresas, bem como aos aspirantes a diretores, sócios e gerentes de pequenas e médias empresas (PME). Ele fornece ideias ousadas e desafios a altos executivos e líderes de empresas e instituições de caridade — especialmente àqueles que parecem ter entrado numa fase madura de desenvolvimento nos últimos tempos.

Este é um livro para aqueles que desejam não só avaliar o sucesso da própria empresa, mas também revigorá-la e se revigorar, capturando o entusiasmo e a experiência do autor.

Começar um negócio pode ser bastante difícil, mas superar a fase de arranque ou subir para outro patamar pode ser, por vezes, ainda mais complicado. O livro de Keith Churchouse fornece visões, orientação e opiniões inspiradas na sua larga experiência no setor financeiro. Destina-se a empresas que já não se encaixam na categoria de iniciantes, mas ainda não perceberam plenamente o seu potencial ou estiveram focadas nos desafios de sobreviver durante o período de recessão.

Keith, com uma abordagem pragmática, partilha neste livro experiências, erros e acertos. O seu estilo fresco e enérgico vai inspirar o leitor a tomar decisões e direções que façam a diferença, tão necessárias a muitas PME para obterem sucesso. É um livro estimulante, pois desafia gerentes e líderes empresariais a formularem por si próprios perguntas difíceis em relação ao planejamento para o futuro e à avaliação do lugar que a empresa ocupa no mercado perante à concorrência.

Estou certo de que o estilo altamente motivacional deste livro vai estimular o seu pensamento e espero que contribua para um sucesso ainda maior em seus empreendimentos.

Sir Christopher Snowden
Março de 2013

Sir Christopher é presidente e vice-reitor da Universidade de Surrey, além de ser um prestigiado engenheiro com larga experiência na indústria internacional de transistores, circuitos eletrônicos e semicondutores. Atuou, tanto como diretor-executivo quanto como administrador em diversas empresas de tecnologia, sendo atualmente consultor no setor. Ocupou posições de gerência sênior e de pesquisa na indústria eletrônica, no Reino Unido e nos EUA, e exerceu cargos acadêmicos em diversas universidades. Ele é membro do Conselho Consultivo de Ciência e Tecnologia do primeiro-ministro e do Conselho Estratégico de Tecnologia, ambos no Reino Unido. Sir Christopher é o presidente-eleito da *Universities UK — órgão representativo de todas as universidades do Reino Unido — e vice-presidente da Academia Real de Engenharia (Royal Academy of Engineering). No biênio 2009/10, foi presidente do Instituto de Engenharia e Tecnologia (Institute of Engineering and Technology). Tem atuado como consultor em grandes empresas internacionais de circuitos eletrônicos e detém vários prêmios internacionais. Sir Christopher publicou oito livros e mais de trezentos trabalhos técnicos.*

Prefácio

Deve-se começar mirando o fim

A maioria dos empresários, ao longo de sua carreira, se envolve numa série de atividades para atingir os seus objetivos com êxito. Cada setor empresarial é diversificado e diferente, assim como cada conclusão e respectivo *timing* em que sucede (no entanto, todos seguem invariavelmente linhas de negócio semelhantes).

O objetivo final de cada negócio será diferente, e estes planos comerciais podem mudar ao longo do tempo para refletir as condições de mercado, a concorrência ou os atuais objetivos globais do negócio (tais como a venda da empresa, por exemplo).

Os proprietários ou diretores/gerentes de empresas, estabelecidos ou ainda não, devem redirecionar a sua atenção para:

- Velocidade da produção
- Qualidade da produção
- Volume de vendas
- Fluxo de caixa, dentro do seu *timing*
- Diversificação de mercados
- Rentabilidade
- Imagem/força da marca
- Todos os itens acima mencionados

O Manual do empresário. Tempo de Crescer vai abranger muitas ideias e iniciativas comerciais. Além disso, este livro vai considerar a forma como uma PME em crescimento —

sendo você o controlador dessas questões — pode concentrar-se, reafirmar-se ou voltar a abordar cada área. Talvez conclua que esteja no caminho certo, mas muitos vão perceber a necessidade de mudar.

Tenho lido muitos livros de negócios que pregam ter a solução para todas ou algumas das questões comerciais acima referidas. Infelizmente, isto não acontece, mas esses têm a vantagem de agregar valor ao partilharem as ideias e opiniões a partir da experiência de seus autores. Cada vivência empresarial e os seus resultados serão diferentes em relação a outras, pois cada empresa tem os seus próprios desafios de mercado.

Por que, então, ler este livro, se ele não lhe dá todas as respostas e soluções específicas para cada questão? Porque nesta fase crítica de desenvolvimento da nossa economia, este manual vai lhe dar indicadores a partir da experiência de outros gestores e lhe dará a oportunidade e a capacidade, ambas valiosas, de assumir um novo olhar sobre cada tema, conforme as suas próprias circunstâncias. Espero que os meus pensamentos, observações e notas (que também incluem as que você adicionará no final de cada capítulo) sejam considerados instigantes e desafiadores com relação aos processos que utiliza e quanto à pergunta fundamental: *Qual é o seu objetivo geral?*

Só você poderá responder a esta questão, mas é importante que fique bem claro em sua mente a direção para a qual o seu trabalho duro o pode levar.

Através desses pontos, por sua vez — com um pouco de autorreflexão — você vai compreender se o caminho atual de seu negócio precisa ser alterado ou aperfeiçoado para obter sucesso no fim.

Ideias em blocos

Você é uma pessoa ocupada, um líder empresarial, e é isso o que esperamos de você.

Há muitas ideias ao longo deste livro, na tentativa de melhorar o seu negócio e de prepará-lo para o crescimento; mas estas podem levar algum tempo a serem absorvidas e implementadas. Para o ajudar a selecionar os pontos mais relevantes — para você e sua empresa —, dividi cada capítulo em subtítulos, focando iniciativas e oportunidades individuais, ideias instantâneas, por assim dizer, para que consiga obter o máximo de seu planejamento e subsequente sucesso comercial.

É realmente Tempo de Crescer.

Páginas para ajudar na memorização/ memorandos

No final de cada capítulo há uma espaço para anotações, onde poderá detalhar os seus próprios objetivos de negócio e as suas ideias, juntamente com as questões-chave de sua própria estratégia de crescimento empresarial.

Essas notas serão exclusivas para você e para as necessidades de sua empresa. Elas podem mostrar-lhe quais são as suas visões do momento. Além disso, também poderão servir de memorandos, a serem revistos possivelmente a cada quatro, seis ou mais meses, com a finalidade de mostrar-lhe que permanece no caminho certo, cumprindo os objetivos que definiu... ou, caso contrário, para fazer as alterações necessárias.

Capítulo Um
Eureka! A recessão terminou

Você se lembra daquele momento *Eureka!* que lhe elevou a alma? Aquele em que lhe ocorreu a brilhante ideia de que chegara a hora *de abrir o seu próprio negócio*? Você provavelmente se recorda de onde estava, do que estava fazendo e dos sons e aromas daquele instante maravilhoso.

Eu estava voltando para casa, no deslocamento diário que realizava entre Londres e Guildford, quando isso aconteceu comigo. Olhava inexpressiva e fixamente para fora da janela, molhada pela chuva, sentindo o trem da linha de Portsmouth a perder velocidade, quando decidi que tinha de parar o meu trabalho enfadonho e liberar o meu potencial, bastante sufocado.

Muitas pessoas podem lembrar-se do próprio momento *Eureka!*, mas são poucos os que conseguem assumir este ato de coragem e começar a própria empresa.

As pessoas que têm quarenta e poucos anos de idade já vivenciaram, no passado, períodos de recessão, embora mais amenos do que os recentes. Para muitos de nós, esta profunda recessão se transformou numa emocionante e tenebrosa aventura. Em retrospecto, talvez isso não seja surpreendente após dezesseis anos de declínio contínuo — e, como o tempo demonstrou, insustentável.

Para qualquer pessoa com idade inferior a trinta e quatro anos, os últimos cinco anos de turbulência foram a primeira experiência de recessão econômica — e, o mais importante, de recuperação econômica — experimentada na vida profissional. E não será a última.

Qual a direção da atual curva de recessão? O que isso significa para o futuro de nossa economia? O rumo e a velocidade de uma economia nacional ou global podem ser comparados a um enorme navio de carga. Ele se move lentamente, mas uma vez que o movimento ganha força, é difícil parar, controlar ou manobrar. As mudanças de direção devem ser planejadas com antecedência para atingir as metas. A nossa economia, assim como a da maioria dos sistemas ocidentais, tem vivido essa experiência durante muitas décadas, com a evolução, a prosperidade e o desenvolvimento do mundo financeiro.

Isso não é novidade. Os efeitos das interferências do Banco da Inglaterra, no Reino Unido, — como baixar as taxas de juros bancárias ou utilizar como estímulo o *Quantitative Easing* (programa de compra de ativos) — levarão cerca de dois anos para serem sentidos na sua totalidade. Essas interferências têm de se infiltrar na economia, visando fatores específicos, tais como o controle da inflação. Decisões calculadas são necessárias para reativar uma economia, e muitas economias globais estão trabalhando cuidadosamente para atingir esse objetivo.

Há empresários que consideram o tédio do atual clima econômico de negócios quase insuportável. Eles se sentem tão atormentados, que é fácil compreender o porquê de não terem notado ainda uma mudança positiva, e muito menos de se preocuparem com isso. Não será fácil convencê-los de que a situação esteja melhorando. Espero que leiam este livro e se sintam encorajados pela mensagem que traz.

É vital dar uma pausa na oprimida rotina que temos de suportar diariamente. Esses profissionais enfastiados precisam dessa pausa para concordar comigo. Acredito que a curva econômica esteja mudando: está se direcionando para uma posição neutra/positiva. Para o comprovar, basta olhar para os fatores econômicos globais. Muitas grandes empresas estão sobrecarregadas com enormes reservas de dinheiro, acumuladas ao longo de muito tempo, como precaução. No momento, estão à procura de aquisições rentáveis onde possam injetar esse capital. As taxas de desemprego estão diminuindo e as ações das bolsas de valores, apesar de permanecerem voláteis, estão com tendência de alta.

Ambições empresariais — serão ainda apenas sonhos?

As ambições de outrora continuam sendo sonhos, agora que você já se estabeleceu? Ou será que se transformaram em meros itens de uma lista por assinalar? Você consegue se lembrar das motivações que o fizeram tomar esse enorme passo inicial, que foi o de criar o seu negócio? E estas motivações ainda significam algo para você? Responda com honestidade.

Para mim, acho que a resposta deve ser «sim» — no entanto, se eu conhecesse a natureza um tanto implacável de administrar uma pequena empresa, penso que o meu entusiasmo não teria sido tão exagerado como quando iniciei o meu negócio. Estou, porém, satisfeito por ter sido assim. Eu esperava que o processo de gestão de uma empresa ficasse mais fácil com o passar dos anos, mas na realidade os encargos têm mudado e crescido, da mesma forma que a minha capacidade de lidar com os diversos problemas à medida que surgem. Às vezes, quando uma situação complicada ou uma pesada carga de trabalho aparece, eu me pego a pensar: «Esta situação não será semelhante a outra que aconteceu no ano passado?» Ou então: «Já não resolvemos um problema parecido antes?» Muitas vezes esse é o caso, e é nesses momentos que a experiência comercial se torna uma vantagem.

Eu faria tudo de novo? Sem dúvida; a aprendizagem, os desafios e os benefícios que melhoraram o meu ser valeram a pena. Claro que compensações monetárias também justificam a labuta, a energia e, por vezes, as exasperações enfrentadas. Eu faria tudo de novo? Sem dúvida, a aprendizagem, os desafios e benefícios que melhoraram o meu ser, valeram a pena. Claro que compensações monetárias também justificam a labuta, a energia e, por vezes, as exasperações enfrentadas.

No entanto, se eu estivesse começando de novo, este não seria o meu ponto de partida (haverá mais sobre isso num capítulo posterior). O que quero dizer com isso? Numa próxima vez, eu faria de forma diferente, começando com objetivos e metas finais maiores.

Como você verá neste livro, nada pode impedir o diretor de uma pequena ou média empresa de mudar o seu modelo, revigorar a sua proposta e subir para o nível seguinte. Vamos visitar alguns desses pontos e iniciativas em nossa jornada para aumentar a nossa produtividade e rentabilidade.

São as manchetes que vendem os jornais

As más notícias sempre foram cortejadas pela imprensa.

A mídia britânica, tão criticada e caluniada, sempre vai dar ênfase, por exemplo, às manchetes sobre o mau desempenho de grandes cadeias de lojas ou aos fracassos empresariais, destacando as dificuldades de adaptação às mudanças do atual mercado de varejo. Infelizmente, é isso que vende jornais e alimenta as notícias.

No âmbito global, há também as manchetes sobre o rebaixamento de *ratings* de países que historicamente ostentavam AAA, pelas agências de classificação de risco de crédito. Acho interessante que algumas agências diminuam as notas de países *em bloco*, ao invés de escolherem as vítimas individualmente. Será que estes rebaixamentos indicam que há uma deterioração da conjuntura econômica mundial? Ou será que isto se deve, em parte, ao fato de que avaliações excessivamente otimistas de outrora estão sendo agora postas em causa, e, portanto, simplesmente sendo corrigidas?

Alguns especialistas acham que essas anteriores classificações — possivelmente «generosas» — de países, de grandes organizações e dos títulos de dívida pública foram em parte responsáveis pela recessão que teve início em 2007.

A «dose diária» de más notícias pode também fazê-lo pensar que o título deste capítulo foi mal-interpretado, mostrando uma falta de empatia para com a árdua rotina que muitos diretores de PME e empresários enfrentam todos os dias.

Não peço desculpas pelo título. Para ser claro, a recessão *acabou*, mas eu seria o primeiro a concordar que ainda não sentimos os efeitos positivos dessa mudança.

A realidade para todos os nossos negócios futuros é diferente. Aqueles que prestarem atenção às oportunidades que esta mudança econômica possa trazer serão os vencedores na década que eu prevejo ser de *boom*.

> *«Seja a mudança que você deseja ver no mundo.»*
> Mahatma Gandhi

Há outros pensamentos semelhantes:

> *«Os negócios, como os frangos, só são saudáveis se*
> *adquirirem alguns arranhões.»*
> Henry Ford

E sem nenhum custo financeiro!...

Eu considerei chamar este livro de *Negócios, negócios em todos os lugares sem nenhum custo financeiro!* Você, que é empresário, já reparou que a sua empresa sempre possui muito mais dinheiro do que você como pessoa física? O fluxo de sua caixa, duramente conquistado, é alocado para impostos, salários, orçamentos de *marketing*. Seja lá por quais razões, o dinheiro flui e reflui aqui e ali e nunca parece ir ao seu próprio bolso no final do mês ou do ano comercial.

Conversei com um diretor muito bem-sucedido de uma empresa de médio porte que tinha acabado de se expandir para a Ásia e mais além. O seu desempenho para o conseguir fora magistral. Perguntei-lhe qual era a sua maior frustração e era exatamente esta: havia uma quantia significativa de dinheiro ao seu redor, mas ao ser gerido e alocado de forma sensata, parecia não ser ele o seu verdadeiro beneficiário. Ele reconheceu que o negócio acabaria sendo vendido e só naquele ponto o dinheiro seria liberado. Mas, por enquanto, as suas intensas frustrações permaneciam.

Muitas vezes senti o mesmo, e não estou sozinho; muitos empresários afirmam que, por vezes, alguns de seus funcionários ganham mais do que eles. Isso não é incomum durante períodos de expansão, em que o ônus do capital recai sobre o proprietário da empresa.

O fluxo de caixa da empresa sobe em determinadas épocas do ano (como observarei mais tarde, você saberá quais são os seus meses de pico de faturamento); e, além disso, pode chamar a minha atenção para a possibilidade da ocorrência de um dividendo ou bônus extras, que de alguma forma podem ter me escapado. Isso me deixa louco, mas mantêm o meu negócio em boa forma financeira e deixa os meus contadores satisfeitos.

Pensadores ousados

Uma chave importante para o sucesso comercial é a capacidade de encontrar tempo para pensar de forma qualitativa. Alguns pensadores ousados reservam um período em suas agendas para alcançar este objetivo, enquanto outros mantêm um bloco de notas próximo da cama para escrever as iniciativas que lhes vêm à mente.

Certa vez, tratei deste assunto, por e-mail, com um colega revendedor, que me escreveu: «Reconheço as vantagens de se reservar um tempo e, com certeza, preciso de alguma orientação e motivação. Para dizer a verdade, sinto-me tão cansado e assediado que nunca disponho de tempo para fazer qualquer outra coisa (fora da rotina comercial). Isso inclui a mim e à minha empresa.»

São palavras honestas de um jovem dinâmico que tem tudo a seu favor... exceto tempo para pensar. Este é um exemplo claro da necessidade de diminuir o ritmo e fazer um balanço da situação a fim de acelerar no futuro.

A revolução industrial.... online

Acredito que todos nós somos privilegiados por termos crescido na atual era da tecnologia móvel, de termos sido capazes de adotar as novas técnicas de dados informáticos e por aproveitarmos as oportunidades disponibilizadas pela internet em todo o mundo. Como ocorreu com a Revolução Industrial, que começou no século XIX e só se completou há cerca de cem anos, não acredito que uma mudança cultural empresarial assim vá acontecer até o próximo século.

Os próximos anos também serão dinâmicos. A redução do tamanho do mundo, decorrente da globalização possibilitada pela internet, fez com que mais pessoas e empresas se tornassem interativas, permitindo-lhes negociar com muito mais facilidade do que antes. Os próximos anos serão dinâmicos também.

Posso imaginar como será quando eu tiver cem anos de idade (com os avanços da Medicina, é provável que eu esteja por aí durante muito tempo, embora ache que bem mais maluco do que sou atualmente!). Estarei assistindo, pelo novo *tablet* (versão 247), a um documentário daquela invenção antiquada que é a TV, em que *Sir* Daniel Radcliffe demonstra como as décadas dos anos 2000 e 2010 mudaram o nosso futuro para sempre. A última parte do documentário poderá ser uma narrativa dedicada ao fim da recessão e ao retorno à prosperidade econômica alcançada nesta época.

Não se esqueça de que a maneira como a *prosperidade* é formada e alcançada pode ser diferente no futuro.

O novo mundo econômico será diferente quanto aos períodos fiscais que conhecemos em décadas passadas. Não será necessariamente melhor ou pior, apenas diferente.

Numa noite fria, do exterior do Parlamento Inglês, um repórter de altíssimo nível de Westminster deu a seguinte informação sobre a recente situação econômica: «Os professores mudam questões de exames para obter respostas diferentes de seus alunos. Se economistas formulam uma pergunta, sempre a mantêm na mesma, eles simplesmente esperam que as respostas fornecidas mudem.»

Essas são ideias divertidas. Todavia, a essência da mensagem de que o futuro da nossa economia será diferente está correta, e o tempo a confirmará.

Talvez no futuro, quando olharmos em retrospectiva para os tempos atuais, com uma visão documentarista, os efeitos econômicos negativos desta época serão considerados primeiro. Estes podem incluir:

- O colapso do Lehman Brothers, o grande banco americano de investimentos

- A queda das taxas básicas do Banco da Inglaterra

- O programa Quantitative Easing

- O colapso de algumas grandes marcas de varejo do Reino Unido, como a Woolworths e a Comet

- O aumento da tributação direta e indireta (tanto de pessoas físicas quanto jurídicas)

- O aumento da burocracia nos negócios e da regulamentação empresarial

Recentemente, foi formulada outra questão comercial fundamental que desafia um aspecto de grande visibilidade, e que julgávamos duradouro, de nossa economia: «O comércio de rua acabou?»

A reposta, na realidade, é *negativa*. Somos animais sociais; desfrutamos da interação e da agitação que a comunicação física nos proporciona em todas as suas formas.

Uma outra pergunta pode ajudar a responder a anterior: «O comércio de rua está preparado para mudar o seu atual modelo de negócios de varejo?» Desta vez, a resposta tem de ser «sim», já que funciona em harmonia com a internet para atrair e manter a sua cota de mercado e de clientes leais.

Sempre defendi que um *comprador* só compra uma vez, enquanto um *cliente* regressa com regularidade.

Brick and click *(Modelo que combina o comércio tradicional com o interativo)*

Um novo termo a trilhar o mercado de varejo é *Brick and Click*. Será que as nossas lojas e o comércio de rua se tornarão meros *showrooms*, onde olharemos sem compromisso — ao invés de adquirir — para mais tarde, através da internet e com um mero clique, realizarmos a compra? Será que daqui a vinte anos os nossos filhos dirão que estão «indo às lojas para dar uma olhada» e não mais para fazer compras?

Pela internet (ainda) não é possível sentir a fragrância de um perfume ou de uma loção pós-barba, ou mesmo, tomar um café com os amigos; além disso, sempre haverá alguma necessidade de interação física. As pessoas também apreciam o toque pessoal do experiente serviço ao cliente, no qual muitos varejistas são especialistas, mesmo se o seu modelo de negócio estiver ultrapassado — ou *apenas* ameaçado.

A medição tradicional de atividade de uma loja localizada nos grandes centros comerciais é o *movimento de clientes*, computado através de contadores eletrônicos que medem a atividade física que acontece na entrada/saída dos negócios. Este movimento pode até aumentar nos próximos anos; no entanto, o movimento das *sacolas* carregadas de mercadorias adquiridas pode diminuir devido às compras realizadas *online*, que são entregues no domicílio ou no local de trabalho dos compradores. A recente expansão dos serviços postais no Reino Unido facilita esse entendimento e é, em parte, um impulso bem-vindo para a economia nacional.

Muitas das grandes marcas de varejo, tanto no Reino Unido quanto no mundo, relataram um aumento repentino nas vendas *online* durante períodos recentes de pico sazonal do comércio, ao passo que os seus pontos de venda de rua tiveram um desempenho medíocre. Esta é uma tendência também observada em anos anteriores, e tenho certeza de que vai continuar a acelerar. Isso significa que a nossa oferta varejista, para sobreviver e prosperar, terá de evoluir. O mesmo vai ocorrer com os seus concorrentes. Será interessante testemunhar este processo de mudança.

O que esses comentários e observações provam? Que há uma mudança comercial dinâmica em relação à forma como as compras são realizadas neste caso específico — além disso, que a natureza do negócio em si ainda está evoluindo.

Dentro de seu ambiente, é vital identificar corretamente essas tendências e abraçar as mudanças, para permitir que o seu negócio faça a transição da pré-recessão para a vibrante, dinâmica e, sobretudo, rentável economia do pós-recessão.

Indicadores de outros mercados comerciais

Outras áreas comerciais fornecem informações úteis sobre o futuro das nossas economias nacionais e globais. Os mercados de ações, os mercados imobiliários comerciais e a indústria de construção civil, todos se movem em direções diferentes, introduzindo alguma correlação negativa entre a produtividade comercial e o rendimento. Estes mercados fornecem indicadores econômicos significativos quanto às expectativas de nossa prosperidade futura.

A contínua flutuabilidade do mercado de ações pode indicar uma abordagem confiante nas perspectivas de investimento futuro. Este dinamismo pode ser alimentado por fusões e aquisições, que são a evidência de que as empresas estão se preparando para possíveis reduções de custos e para um crescimento futuro. É sempre interessante verificar imóveis comerciais sendo construídos — um sinal seguro de que a demanda por espaços profissionais, comerciais ou industriais vai aumentar num futuro próximo.

Você já prestou atenção nas construções de arranha-céus que vêm acontecendo em Londres recentemente? Construir agora para atender à demanda futura vai na contramão do pessimismo econômico popular.

Os níveis de desemprego, embora se mantenham num nível persistentemente elevado, estão começando a cair à medida que os empregadores se preparam para aumentar a produção novamente. Estes indicadores apontam para um crescimento futuro sustentado e estão à nossa volta. Você e eu, como líderes de nossas respectivas empresas, precisamos construir o nosso sucesso. Precisamos estar preparados e engajados.

> *«Os negócios, mais do que qualquer outra ocupação, são um trato contínuo com o futuro; são um cálculo contínuo, um exercício instintivo de previsão.»*
> Henry R Luce

O seu planejamento de negócios

⏰ Qual será o seu próximo «grande acontecimento» comercial/profissional/industrial?

_____

_____

_____

⏰ Por que este acontecimento será uma oportunidade empresarial?

_____

_____

_____

_____

⏰ Quais serão os seus benefícios?

_____

_____

_____

⏰ Por que aproveitar esta oportunidade agora?

_____

_____

_____

⏰ O que você vai ter de mudar?

_____

_____

_____

🕐 Quão perto você está de realizar essa nova iniciativa?

🕐 Quais são os fatores que podem lhe restringir o acesso a essa oportunidade de crescimento?

🕐 O que você precisa fazer agora para superar essas barreiras de crescimento empresarial?

🕐 Quem poderá ajudar?

🕐 De que mais você precisa no momento para alcançar o sucesso no futuro?

Manual Do Empresário:

Capítulo Dois
É hora de crescer

A condição em que as economias nacional e internacional se encontram no momento está melhor ou pior do que antes de 2007, ou seja, antes de começar a recessão que está prestes a terminar? A resposta é: nem melhor nem pior, apenas *diferente*.

Será que a economia global vai melhorar? Vai, sim.

Parece que alguns países, como o Brasil, têm melhores perspectivas do que outros.

Em uma década, outras grandes nações que tinham uma economia fechada transformaram-se em potências econômicas mundiais, e, como consequência, a maioria delas desfruta agora de mercados internos ricos e da estabilidade de uma maturidade econômica.

Muitos exportadores de marcas de prestígio estão se beneficiando dessa prosperidade de novos mercados, enquanto, em muitos casos, os seus mercados de origem ainda estão definhando antes de serem socorridos pela recuperação. Só então — e disso tenho a certeza — esses exportadores de prestígio voltarão às suas praças de comércio tradicional. Há países sendo vistos como potências enfraquecidas, conformados com a lembrança de um passado glorioso e ainda confrontados com as dívidas decorrentes da glória. Essa montanha de dívidas é chamada de *roubo geracional*, mas esta é outra história.

Durante a elaboração deste livro, foi anunciado um referendo para decidir se o Reino Unido deverá continuar membro da União Europeia, e após a próxima eleição geral de 2015 os notáveis do Reino Unido terão a oportunidade de apoiar ou abandonar esta aliança econômica.

Há muitas questões a serem consideradas nessa controvérsia, especialmente pelo fato de o Reino Unido, sem ser um membro pleno e comprometido, ser um participante muito ativo na estrutura atual da UE. Se, como nação, o Reino Unido confirmar a sua participação na UE, então terá de *realmente* fazer parte dela, ao invés de continuar em cima do muro, como hoje em dia, e deixar de ser visto por alguns membros como um parente difícil.

Se houver a adesão, isso poderia significar o fim da libra esterlina, a moeda tão amada e valiosa dos britânicos? Esta é uma possibilidade. Acho que, com o tempo, seria uma perda nacional significativa. Aqueles que se recordam da decimalização — quando houve a adesão ao sistema decimal da libra — ocorrida na década de 1970, podem concordar comigo. O tempo e a confiança de mercado em relação a moedas mudam. A manutenção de uma moeda própria, na minha opinião, oferece a uma nação um controle direto maior em relação aos seus assuntos fiscais.

Incentivos a novas empresas... e depois, a você

A quantidade de incentivos disponíveis à criação de novas empresas é considerável. Começando por treinamentos gratuitos, indo até os chamados serviços bancários «livres de custos», só para dar alguns exemplos; as facilidades oferecidas a este tipo de negócio são encorajadoras e, certamente, bem-vindas desde o início.

Nós todos sabemos que não existem almoços grátis. Eu não tenho nenhuma dúvida de que quaisquer ofertas, como o fornecimento de brindes de lançamento para novas empresas, acontecem na expectativa de bons lucros futuros, quando estas atingirem a maturidade e a rentabilidade no devido tempo.

Como você deve ter notado, há carência de incentivos significativos para as empresas que já sobreviveram à fase de incubação, atingiram certa maturidade e que pretendam crescer. Essas empresas, tais como a minha e a sua, precisam subir ao próximo nível de negócios para poderem gerar mais postos de trabalho, inovação corporativa e receitas fiscais.

Há também apoios financeiros vantajosos a grandes empresas, geralmente multinacionais, que, ao se transferirem para outras áreas ou países, recebem benefícios contínuos com aparente facilidade.

Considero essa falta de interesse em relação ao grupo intermediário, as PME, tanto estranha quanto algo incompreensível, porque é exatamente disso que a economia nacional precisa: de crescer e desenvolver as PME existentes no mercado. No futuro, não haverá grandes empresas baseadas no Reino Unido, se não houver incentivos às que já estão estabelecidas.

Se nós, líderes empresariais, sentirmos que estamos sozinhos, então só temos uns aos outros em quem confiar, com quem partilhar a sabedoria e a perspicácia de negócios e a quem ajudar na conquista de mais sucesso. É por isso que vale a pena recorrer às redes sociais e aos colaboradores específicos, como você verá no Capítulo Nove.

Ao compartilhar a minha formação profissional — o alicerce de meu próprio crescimento empresarial —, espero fornecer-lhe um entendimento em relação àquilo que precisa ser planejado agora. Muitas organizações profissionais e industriais, assim como órgãos governamentais, recomendam e facilitam essa troca de ideias com o objetivo de desenvolver a empresa num ritmo mais rápido e produtivo.

> *«A educação é a arma mais poderosa que você pode usar para mudar o mundo.»*
> Nelson Mandela

Reuniões de conselhos de administração ou chateações de conselhos de administração?

A maioria das empresas bem-administradas mantêm atas das reuniões, onde constam as decisões e problemas importantes da época em que foram realizadas.

Vamos ter o cuidado de observar que uma reunião do conselho de administração de uma PME não significa, necessariamente, um grupo de executivos sentados ao redor de uma grande mesa, aceitando ou contestando ideias e decisões. Uma reunião de conselho também pode acontecer no final do dia, enquanto você e os seus colegas diretores ou conselheiros, desfrutando de um copo de vinho, discutem um assunto comercial.

O importante é que a reunião e os resultados acordados sejam formalmente documentados.

A última «reunião de conselho» que tivemos com o nosso contador aconteceu durante um café da manhã. Foi um encontro inspirador, de onde surgiram várias ideias e propostas acordadas, incluindo a implementação de prazos. O café era muito forte, assim como as inovações que estavam sendo discutidas.

É ótimo poder se afastar das questões do dia-a-dia e ficar, de preferência, num terreno neutro, longe dos *e-mails* que possam nos distrair, e olhar para o que está realmente acontecendo e para o que pode ser aperfeiçoado. Se uma reunião do conselho se torna uma «chateação» do conselho, você tem de descobrir o que há de errado.

As atas das reuniões são um ponto de referência de fácil utilização para se planejar e progredir. Elas devem servir para recordar, reinspirar e direcionar para a próxima fase. As atas também podem ser usadas como agendas para discutir ideias, decisões difíceis e objetivos empresariais com outras partes interessadas, tais como, a sua equipe, os investidores e até mesmo o seu banco.

Na verdade, verificar o que foi planejado anteriormente e constatar quais foram os resultados obtidos é também um grande desafio. Por exemplo: Por que nem todos os pontos acordados foram implementados? Eles deveriam ser executados agora? Só se você quiser seguir em frente.

Não há mais «altos e baixos»? Que bobagem!

Não pode haver uma explosão econômica se não houver um *boom*. Nem é possível haver um *boom* sem uma explosão, independentemente dos argumentos do Ministro da Fazenda para demonstrar o contrário.

O fluxo de uma economia pode ser comparado ao ato de carregar um balde com água, que vai se derramando enquanto nos movemos: você sabe que, como um pêndulo, quanto mais este oscilar para um lado mais vai pender para o lado oposto na volta. Este é o caminho da economia capitalista e do comércio.

A título de experiência, se você oferecer R$ 300,00 a cem pessoas diferentes e pedir-lhes que negociem entre si por um dia, no fim deste período não sobrará nada a alguns, ao passo que outros terão muito mais do que os R$ 300,00 iniciais. Esse é o caminho do livre comércio.

Sabendo disso, como obter lucro e agregar valor quando se aumenta a eficiência do próprio negócio e, principalmente, quando se aproveita as novas ondas comerciais à medida que elas vão aparecendo?

Há um número maior de empresas que fracassam quando a recessão já está no fim

É sabido que pequenas empresas podem ser ágeis quando se refere ao comércio, à aquisição, às propostas e à rentabilidade. Qualquer líder empresarial sabe que o *lucro* não é um palavrão. Essas são algumas das vantagens em se ser uma PME, o que nos leva à conclusão de que o *pequeno é bonito*.

Ambos os adjetivos, «pequeno» e «bonito», são palavras cujas definições estão em aberto, e você pode decidir o que ambos significam para você e para a sua empresa.

Talvez fosse melhor dizer *o magro é bonito*, como uma alternativa para «pequeno». No mundo dos negócios, isso é geralmente verdade.

As grandes empresas, na maioria nacionais, costumam ser mais pesadas quanto à capacidade de fazer movimentos rápidos no mercado; elas movem-se muito lentamente, um pouco como o navio de carga que observamos no primeiro capítulo. Em determinadas épocas do ano (principalmente no inverno), estas empresas lotam as manchetes, pelo fato de algumas de suas marcas, aparentemente fortes, fracassarem.

Recentemente, muitas pessoas ficaram surpreendidas com o verdadeiro bombardeio de manchetes de jornais e revistas relacionados com uma grande empresa, por não compreenderem como esta conseguira sobreviver por tanto tempo, ao passo que outros modelos comerciais ultrapassados — mesmo aqueles que tentaram se atualizar, mudando as suas propostas de entrega — não foram capazes de transitar para novos mercados e cenários. Um exemplo é a transição de vendas de CD para *downloads* na internet, que negou em parte a necessidade de as lojas oferecerem os itens físicos (no caso, os CD).

É digno de nota que alguns estabelecimentos aceitem encomendas *online*, mas entreguem a mercadoria na loja; esta maneira de comprar parece contrariar a tendência e até mesmo cria uma nova modalidade de lucro.

Será que as empresas fracassadas acima mencionadas poderiam ser acusadas de serem incapazes de compreender não só os novos conceitos, como também as ideias que refletem um ambiente de negócios em constante mudança, além de arrogância, falta de visão, falsas promessas, falha nas entregas e indecisão? Provavelmente podem ser acusadas, sim, algumas inteiramente, outras só sob alguns aspectos.

Talvez você tenha de realizar mudanças quando a recuperação econômica acontecer: não deve ser uma boa estratégia permanecer como era nos tempos de recessão. Os mercados, produtos, clientes e processos de compra evoluem, e o seu negócio não pode ficar para trás. O novo mundo do comércio pós-recessão terá mudado, e você sabe que a sua empresa deve evoluir para maximizar as vantagens emergentes.

Trata-se de um fracasso ou mera questão de contabilidade?

Falências de empresas não são fatos raros. É interessante ler além das manchetes dos noticiários para ver se o colapso de uma organização trata-se de uma verdadeira *falência* ou se pode ser visto mais como uma habilidosa manobra contábil. Recentemente, presenciei que tal manobra foi referida como «jogada de mercado», que fora posta em prática para que uma organização fênix renascesse depois das cinzas conforme um acordo pré-estabelecido.

Eu conheci alguns «presidentes de empresas» angustiados, que foram contratados por proprietários ou pelos administradores de organizações com o objetivo de escolher uma entre três opções:

1. O negócio é viável, desde que sejam implementadas mudanças apropriadas/novas concentrações/ alterações no *marketing*;

2. Os ativos são viáveis, portanto são parte do negócio; já outros setores (tais como áreas de apoio ou algumas filiais) não são financeiramente viáveis. Isso pode envolver certo grau de alienações patrimoniais, para gerar caixa para os proprietários/administradores;

3. O negócio não pode ser salvo.

Não há uma resposta certa ou errada para o exercício investigativo acima citado. Trata-se de um processo baseado não em emoção mas numa decisão clínica sobre o quadro e os fatos que cercam a organização doente. Opções extremas como estas são geralmente utilizadas em último recurso. Estas podem ter sido as consequências de um negócio que se perdeu no caminho, situação que *você* não vai permitir que aconteça se planejar e implementar com cuidado os seus objetivos comerciais. Não são só as empresas e o Reino Unido que se preocupam com a forma como as organizações são preparadas para o futuro.

Levando em conta o seu governo e as suas próprias aspirações, Barack Obama declarou:

«É hora de mudar fundamentalmente a maneira de se fazer negócios em Washington. Para ajudar a construir um novo alicerce para o século XXI é preciso reformar o governo de forma a ser mais eficiente, transparente e criativo. Isso vai exigir um novo pensamento e sentido de responsabilidade para cada dólar gasto.»

Quebrando o (suposto) patamar de produção

No meu caso, os primeiros anos de atividade de nossa empresa correram bem. Os níveis de energia se mantiveram elevados e a ambição de criar vendas e serviços dominava tanto a equipe quanto a minha mente. Quando se é apaixonado e focado em relação ao que se faz, fica muito mais fácil. A atitude e a crença em relação ao que você realiza podem ser fundamentais para que os seus objetivos se tornem uma realidade.

Há muitos exemplos de empreendedores que mantiveram estes dois atributos para, mesmo diante da adversidade, lançar os seus produtos com sucesso. Alguns deles se transformaram em nomes de eletrodomésticos. Todos enfrentaram muitos desafios e, por vezes, rejeições antes de encontrar o seu lugar no mercado... e, finalmente, o sucesso. Pode-se citar como exemplos de tais façanhas: Coronel Sanders, Thomas Edison, Norm Larsen e o seu spray anticorrosivo dispersor de água, entre muitos outros.

É evidente que, nestes exemplos, a ambição e a determinação para o sucesso imperaram. Para romper qualquer patamar de produção que possa enfrentar, é preciso ambição, determinação, atitude e crença... ilimitadas.

O primeiro

Comemoramos o nosso primeiro semestre de atividades no fim do ano comercial contábil: as vendas alcançadas demonstraram que afinal havia algum método em nossa loucura comercial.

Ao completarmos o primeiro ano, vimos o pedal do acelerador de produção sendo acionado para baixo; já no segundo ano vimos o pedal encostado no piso, quase atravessando para o outro lado. Nós estávamos realmente numa pista de corrida. Em seguida, no terceiro ano, vimos, frustrados, que a produção se «estabilizava», continuando assim no quarto e no quinto ano. Nós tínhamos atingido um teto, ou patamar, que parecia intransponível.

Ao alcançarmos o nosso primeiro patamar de produção, no quarto e no quinto ano, a minha frustração era evidente. Tudo parecia contrário aos anos anteriores, em que atingimos um crescimento anual de aproximadamente cem por cento. Essa conquista inicial foi criada a partir de um campo novo, mas nos anos seguintes se tornou insustentável, e o nosso crescimento no terceiro ano foi de apenas trinta por cento e no quarto, de cerca de sete.

O gráfico de produção do início de nossa atividade até então parecia um narciso murcho, achatado no meio.

Chegara o momento em que *algo precisava mudar*. A contabilidade dos anos anteriores tinha mostrado, com uma tolerância de aproximados cinco por cento, os mesmos números finais (após o aumento dos custos).

No passado, quando era empregado, o mesmo acontecia com o meu salário: durante três anos, os comprovantes das minhas declarações de imposto de renda demonstravam salários representados por dígitos semelhantes. Com a inflação anual a cinco por cento, na época, a minha renda real regredia a olhos vistos. Como não havia condições de influenciar a situação no trabalho, influenciei a questão da única maneira que podia: arrumando outro emprego.

Teria sido mais fácil conformar-me com a situação, sem fazer nada a respeito, e seguir em frente. Mas os bons empresários não aceitam medalhas de prata; é por isso que você está lendo este livro.

Crescimento a qualquer custo?

Ao fazer o planejamento, qual é o nível adequado de crescimento que o empresário de uma PME deve considerar? Rebecca, uma colega de trabalho, dona de uma empresa estabelecida no mercado, sugere que um crescimento de no mínimo cem por cento deve ser «facilmente» alcançável, tanto no volume de negócios quanto no lucro, num período de dois anos. Caso contrário, ela acredita que estará «falida». Ter metas agressivas é admirável; objetivos elevados são viáveis se você dispuser de uma equipe inicial sintonizada, de infraestrutura e de capital para alimentar o processo.

Com o pano de fundo de uma economia nacional fraca e em recuperação, poderia se argumentar, com razão, que este nível de objetivo é uma loucura e só serve para demonstrar arrogância. Eu discordo em parte. Contanto que a meta proposta seja bem elaborada, que os relevantes indicadores de desempenho sejam esquematizados e que o processo seja desafiado regularmente, as altas taxas de crescimento da produção devem ser atingidas — e o mais importante, com sustentabilidade.

São excelentes ferramentas empresariais: a arrogância — desde que não seja utilizada com exagero — e um olho clínico, indispensável para atingir o alto nível de crescimento mencionado por Rebecca.

Cortando as tropas

Existem muitos exemplos de empresas que se expandem rapidamente, mas, com a mesma velocidade, vacilantes, retraem-se, causando muitas vítimas. Muitas batalhas militares mostraram exemplos similares de estratégia em invasões equivocadas, nas quais bateram em retirada após serem fortemente reforçadas com recursos e mais tropas. As vítimas de guerra representam um custo humano maior do que as perdas financeiras de uma empresa. Não deixe que isso aconteça quando estiver colocando em prática *a sua* estratégia de expansão empresarial.

> «*Dez soldados conduzidos sabiamente vencem cem que não têm cabeça.*»
> Eurípides

Você é uma pessoa matinal ou vespertina?

Não vou me debruçar muito sobre esse assunto, porque há uma abundância de livros sobre gerenciamento de tempo que possivelmente descrevem os benefícios de vários sistemas e teorias. Os dois pontos importantes que gostaria de salientar são simples. O primeiro é: «Você é uma pessoa matinal ou vespertina?»

O segundo ponto é: «Ao saber em que tipo se enquadra, você aproveita as vantagens que esse conhecimento lhe apresenta?»

Eu sou uma pessoa matinal: é de manhã que estou ávido por realizar o meu trabalho; é no início e no meio deste período que escrevo e faço o meu planejamento, e à tarde vou diminuindo o meu ritmo. Sempre acordo com o objetivo de aprender algo novo no dia que tenho à minha frente. Este aprendizado pode ser grande ou pequeno, mas é novo. O desejo de aprender nunca é algo ruim. Alguns podem argumentar que sou inútil à noite, mas isto é outra história.

Já o cérebro empresarial de outras pessoas só desperta após o almoço, acelerando no decorrer do dia, até o final da tarde e início da noite. Cada um do seu modo. Identificar qual o fuso que mais se adapta à sua melhor produtividade (e a de seus funcionários-chave) e planejar o seu dia em torno dos horários de pico no desempenho criativo é fundamental para obter o melhor de seus ativos mais importantes, ou seja, você e a sua energia.

Planeje o seu dia em torno de seus níveis de energia

Ao planejar importantes reuniões, seminários e apresentações, você deve reconsiderar esta questão da energia para encaixá-las em seus períodos de melhor desempenho. A seção de notas a seguir pode ajudá-lo a se concentrar nas suas aspirações e metas.

O seu planejamento de negócios

🕐 Quais são as decisões empresariais que tomou que mais admira? E de quais mais se arrepende? Por quê?

_____

_____

_____

_____

🕐 Desde que a recessão começou, você já desenvolveu a estrutura empresarial de seu negócio? Como?

_____

_____

_____

_____

🕐 A sua proposta e estrutura de negócio estão preparadas para aumentar a produtividade?

_____

_____

_____

_____

🕐 Como você pode incrementar esses preparativos agora? O que vai fazer?

_____

_____

_____

_____

🕐 Os seus planos de expansão são realistas? Estes estão esquematizados para que a sua equipe os possa entender e acompanhar?

🕐 Aponte uma única medida adicional que possa realizar agora, uma possível bala de prata que aumente os seus planos em cinco por cento. Desafie o seu plano e encaixe esta medida.

🕐 Qual é o período mais produtivo do seu dia? Você consegue tirar proveito disso?

🕐 Você poderia adaptar a sua agenda semanal para se beneficiar desse período/tirar proveito dessa maior produtividade?

Capítulo Três
Você é a pessoa indicada para esse trabalho?

Todos nós fomos sofrendo transformações pessoais desde que começamos os nossos negócios, aos quais tanto nos temos dedicado ao longo dos últimos anos. Seria impossível ser de outra forma. De modo geral, acho que este processo torna os indivíduos mais duros, diretos, focados e determinados à medida que o tempo passa. Como há a necessidade diária de tomar decisões empresariais, não é surpreendente que um indivíduo bem-sucedido se torne naturalmente mais resoluto.

Tendo em mente que a função que exerce em tempo integral — a de gerir o seu negócio — é a sua especialidade, será que você é a pessoa indicada para definir as mudanças que terão de ser realizadas na sua empresa para que se torne mais lucrativa? Será que alguém com esta experiência específica não poderia fazer isso por você de uma forma mais eficaz e oportuna?

Talvez esse seja o momento de você se concentrar naquilo em que se sobressai, delegando a um especialista ou aspirante a líder de equipe a chefia do próximo desafio: o de levar a empresa para o próximo nível.

Uma mão firme

Possivelmente, você foi inovador e ousado quando se libertou das correntes de seu emprego e abriu o negócio que hoje é um sucesso. A recessão pode ter derrubado alguns desses arrebatamentos dinâmicos para o transformar num executivo maduro. Agora, cabe a você garantir que o navio, que é o seu negócio, mantenha as velas içadas e se desvie das águas agitadas.

Talvez você não tenha se conscientizado deste processo de amadurecimento pessoal e sinta a necessidade de resgatar aquele antigo dissidente impetuoso que lhe abriu as portas do empreendedorismo no início. Você vai precisar resgatar estas características para poder impulsionar a sua empresa ao próximo patamar de sucesso.

> *«Toda a vez que um indivíduo ou uma empresa pensa que já alcançou o sucesso, o progresso pára.»*
> Thomas J Watson

Reserva de dinheiro

Ironicamente, você pode achar que, colocando a mão na massa ao invés de contratar alguém para tal e investindo na infraestrutura da empresa, estará contribuindo para aumentar a reserva de caixa. Será que assim aumentou a sua zona de conforto? A reserva de caixa, que normalmente significa um planejamento de negócios prudente, pode tornar a sua empresa atraente para um comprador autônomo. Alguém poderia comprar a sua empresa à vista e, uma vez que a compra estivesse concluída, simplesmente retirar a mesma quantia que acabara de pagar. Assim, poderia aproveitar os ativos adicionais em outros negócios que possuísse ou mesmo vendê-los. Esta é uma prática conhecida e é por vezes chamada de *asset stripping*, ou venda de ativos não utilizados no negócio principal da empresa.

Pronto e disposto a...

Como empresário/diretor de empresa, você se tornou um «faz tudo», realizando todas as tarefas, tanto intelectuais como manuais, para a realização do seu projeto: você será motivado pela paixão que nutre pelo seu produto/serviço.

Você pode desempenhar com brilho várias tarefas, mas talvez não todas. Nesta fase de transição econômica, está pronto e disposto a, e — o que é o mais importante — capaz de:

- Aumentar as vendas do modelo atual através dos pontos de venda existentes?

- Desenvolver novos pontos de venda para melhorar a distribuição e aumentar a participação no mercado?

- Gerar um modelo de distribuição totalmente novo?

- Diversificar o seu negócio para atrair um mercado novo e inexplorado?

- Reduzir ou aumentar os preços em função das alterações feitas no seu produto, ou serviço, para atrair um consumidor diferente?

- Competir contra si mesmo e, acima disso, contra a sua concorrência, introduzindo uma nova linha de produtos ou um ponto de venda novo? Esta estratégia funcionou, por exemplo, no mercado de detergentes domésticos e em algumas lojas de varejo que também realizavam vendas *online*

- Expandir o seu negócio em águas nunca dantes navegadas, como os mercados internacionais? Há hemisférios em desenvolvimento que poderiam estar interessados na sua especialização

- Melhorar e diferenciar a abordagem de *marketing* da oferta que você dispõe atualmente?

- Aderir a alguns ou a todos os itens acima?

Estes são apenas exemplos que deveriam ser considerados; você poderá acrescentar outras questões à esta lista pró-ativa. Alguns dos pontos mencionados anteriormente serão detalhados a seguir.

Aumento de Distribuição

A essa altura, você já pode ter notado que eu escrevi alguns livros. Estes são baseados no mercado do Reino Unido, que por si só já apresenta algumas limitações, especialmente para aqueles que não leem em inglês.

Participei de um seminário conduzido por um eminente economista global, onde foram abordadas as grandes oportunidades oferecidas em países em desenvolvimento, como o Brasil, a Rússia, a Índia e a China. Como proprietário de uma PME sediada no Reino Unido, fiquei animado com a informação — mas, ao mesmo tempo, sentia que havia pouca oportunidade real para que os meus negócios participassem deste crescimento global. Sentia-me perplexo com o desafio, e este sentimento permaneceu comigo durante algum tempo.

Percebi que, se conseguíssemos ter os meus livros traduzidos para o português (destinado ao mercado brasileiro), poderíamos aumentar-lhes significativamente a distribuição, e a oportunidade de ter êxito com as publicações já existentes seria maior. Após alguma investigação, descobrimos os caminhos para liberar os livros no Brasil, bem como noutras nações de língua portuguesa. Tendo em conta que a população do Brasil é cerca de três vezes maior do que a do Reino Unido (sem contar com o maior potencial global), isso aumenta de forma significativa a expectativa de venda e distribuição. O Brasil foi identificado porque tem potencial e está ávido por desenvolver-se, evoluir e prosperar.

Uma grande oportunidade foi detectada e alcançada. Os custos adicionais de produção não eram altos, o processo (uma vez localizado um tradutor adequado, com base no Rio) não foi difícil, e como resultado os meus livros de negócios atingiram um nível global.

Pensar fora da caixa, neste caso, valeu a pena. Com isso em mente, indo mais além e usando este exemplo, o que *você* poderia mudar na sua empresa (em relação ao produto/ serviço, ou à distribuição) para aumentar as oportunidades de crescer — espero que — com um baixo custo, introduzindo uma economia de escopo? (Haverá mais sobre este excelente conceito comercial mais tarde.)

Para desenvolver o seu negócio para o futuro, você tem de decidir agora de que maneira fará as transformações. Se houver necessidade de múltiplas mudanças — e se for o caso tenha cuidado para não dispersar recursos —, você vai precisar dar prioridade a esses planos.

Isso leva à questão, que é o título deste capítulo: «Você é a pessoa indicada para o trabalho?»

> *A seguinte frase foi atribuída a Abraham Lincoln:*
> *«Se um homem souber fazer algo bem, eu digo: deixe que*
> *ele o faça. Dê-lhe uma oportunidade.»*

Resolução de Ano Novo

A crença de que estamos saindo da recessão, e por isso há necessidade de planejamento adicional, é compartilhada por muitas pessoas. Um empresário que conheci propôs uma resolução de Ano Novo no sentido de realizar mudanças com relação às suas atividades profissionais. Era uma resolução simples, que ele proferiu em voz alta: «Mudar de trabalho!» Ele não usara a frase num sentido literal de encontrar outro emprego; o que ele quis dizer foi que iria parar o que estava fazendo no dia-a-dia, isto é, iria deixar a administração cotidiana da empresa e voltar a concentrar-se no que ele deveria fazer, o que neste caso era conquistar novos negócios.

A sua principal resolução foi a de acrescentar um membro experiente à sua equipe, que lhe permitisse manter a prosperidade de sua empresa.

Perguntei-lhe porque julgava ser este o momento para tal transformação. Ele explicou que a empresa estava atingindo alguma maturidade e, com isso, obtendo contratos maiores; e ele sentia que essa alteração seria a consequência da unidade, da estabilidade e da energia contínua da empresa. Se conseguissem contratos maiores, conquistariam outros de valores semelhantes, senão mais vultosos ainda. Dizem que o sucesso gera sucesso, e essa pode ser uma prova.

O músico dos sete instrumentos

Como você deve ter notado, já percorremos um caleidoscópio de especialidades de negócios e ainda veremos as mudanças desafiantes que você terá de considerar, tais como: *marketing*, relações públicas, recursos humanos, pesquisa e desenvolvimento, *redesign* de produto e recálculo de custo unitário.

Você nunca deve ser uma pessoa que faz de tudo um pouco, sem fazer nada bem — ou, como se diz em inglês, um *Jack of all trades and masters of none* —, especialmente no comércio. Querer satisfazer a todos nunca funciona de forma eficaz. Olhe cuidadosamente para todos os aspectos dos novos objetivos empresariais em mira e se certifique de que cada segmento da tarefa global será delegado para a pessoa que tenha a melhor aptidão no assunto.

Ao fazer isso, porém, você pode concluir que na sua equipe não há uma pessoa adequada para atender a um objetivo ou função específica. Terceirizar, isto é, contratar um indivíduo ou uma empresa especializada para trabalhar numa tarefa específica pode ser a solução mais eficaz e econômica. Você tem de ser capaz de importar esses serviços necessários.

Temos recorrido à terceirização em situações em que haja necessidade de especialistas, e os resultados são positivos. Insumos externos também fornecem informações interessantes que podem acrescentar à sua organização uma maior profundidade. Sempre se pode aprender com os outros.

> «Diga-me e eu esqueço, ensine-me e eu recordo,
> envolva-me e eu aprendo.»
> Benjamin Franklin

Pare por um momento e pense se não seria uma boa ideia para você exportar alguns dos serviços que presta, como uma oportunidade.

Pesquisa e desenvolvimento

Muitos países percebem que o valor real de sua economia se concentra na *propriedade intelectual*. A sua empresa pode conseguir benefícios fiscais e subsídios, sujeitos a vários critérios, para o trabalho de P&D (Pesquisa e Desenvolvimento). Convém se informar sobre o assunto e todas as suas condições antes de iniciar um projeto, para verificar a possibilidade de adquirir um financiamento adicional. Se puder obter um subsídio, o seu fluxo de caixa poderá ser uma ferramenta valiosa, e isto possivelmente reduzirá o impacto de um novo projeto substancial de desenvolvimento de alto custo.

Economias de escopo

Sou um grande admirador das teorias de «economia de escopo». Não confundir com «economia de escala», que significa redução de custo unitário médio.

Nas *economias de escopo* reduzem-se os custos médios de uma empresa com a produção de dois ou mais produtos do mesmo item, diversificando assim a sua aplicação. É mais barato produzir dois produtos ao mesmo tempo do que separadamente. Efetivamente, mais pessoas podem ser alcançadas para cada unidade monetária gasta. Se quiser se aprofundar nesse assunto, o conceito e o termo foram criados por Panzar e Willig (1977, 1981), no livro *Economies of Scale in Multi-Output Production*.

Economia de escopo é uma maneira de o seu produto ou oferta terem outras aplicações. Por exemplo, uma fábrica de automóveis utiliza a mesma linha de montagem para vários de seus modelos, ampliando assim o alcance de seu *design* para novos mercados e atingindo mais pessoas. Os modelos finais parecem muito diferentes, são comercializados de forma diferente, mas possuem os mesmos componentes.

Negocie custos fixos pesados no início... e na fase de renovação

Uma questão importante para reduzir os custos é a sua própria habilidade de negociar, que deve ser aperfeiçoada na experiência adquirida, ao longo dos anos, na direção da própria empresa e na utilização do capital desta. Há muitas práticas de negociação baseadas nos preços, como a ancoragem (muitas vezes o termo é utilizado em inglês: *anchoring*) ou, em menor escala, o *framing*.

A *ancoragem* (dar a primeira oferta numa negociação) segue uma psicologia diferente de uma negociação de preços comum e corre contra o processo normal de arredondar preços — mas pode muito bem poupar dinheiro. Normalmente, nós, assim como os nossos contatos e clientes, temos uma tendência para «seguir a manada», esperando que os preços e as contrapropostas sejam arredondados (como, por exemplo, R$ 300 000,00) — apesar de sabermos não haver nenhum motivo racional para que devesse ser assim. Isso aponta para a tendência humana de confiar demais na primeira parte da informação oferecida, neste caso, no preço. A oportunidade de se aplicar uma lógica diferente na forma de ancoragem (que pode produzir um preço de R$ 291 678,00) pode se usada de forma inteligente e ser uma ferramenta de negócios eficaz na negociação. Este processo foi teorizado pela primeira vez por Kahneman e Tversky.

Framing (que em inglês significa enquadramento) é outra tática e ferramenta de *marketing* muito estudada. Quando você considera o preço de um produto ou serviço, alguém decidiu o seu valor ao trazê-lo para o mercado.

Por que um carro familiar normalmente custa em torno de R$ 50 000,00? Este não é o custo de produção. O preço do produto foi apresentado ou «enquadrado» para o usuário final, o que pode influenciar o seu processo decisório. A estrutura de preços pode ser um reflexo da prática utilizada pelo concorrente ou simplesmente um ponto de partida para uma negociação.

Em 2010, o OFT, *Office of Fair Trading* (Gabinete Britânico para o Comércio Justo), através de sua economista-chefe, a doutora Amelia Fletcher, produziu um documento sobre este assunto: *The Impact of Price Frames on Consumer Decision Making* (em tradução livre: O Impacto na Tomada de Decisão do Consumidor pela Prática de *Framing* nos Preços).

Cada método, e existem muitos outros, tem as suas vantagens. Vale a pena conhecê-los, a fim de aprimorar as suas próprias negociações e controlar o orçamento em seus negócios futuros.

Controle de custos e outros benefícios ainda não visualizados

Num dos meus livros anteriores, *Assine aqui, aqui e aqui! Jornada de um Consultor Financeiro*, relatei que, após cerca de dois anos de atividade, transferimos as instalações da nossa empresa para a rua principal da cidade, um local muito próximo do nosso endereço original.

As razões da mudança (mais espaço, a perspectiva de uma reforma no edifício onde a empresa se localizava — concretizada tempos depois — e a necessidade geral de crescer) foram várias, mas nenhuma estava diretamente relacionada ao lucro. Estas tinham mais a ver com as condições e acessibilidade, o que podem ser tão importantes quanto o lucro.

Negociamos duro os custos e termos da nova locação, tão importantes para a nossa prosperidade futura. Sei de muitos empresários que, apesar de terem um grande modelo de negócio, não prestaram atenção a certos detalhes contratuais ou não negociaram duro o suficiente no momento da assinatura do contrato de locação. Tempos depois, estão encurralados por um aluguel mal-«negociado» e por um contrato longo demais, em que não existe uma cláusula de rescisão; esses empresários sempre terão de enfrentar uma batalha difícil em relação à rentabilidade, à sustentabilidade e ao sucesso.

As consequências de nossa própria mudança, admito com um pouco de *marketing* extra, foram as seguintes:

- Aumento imediato de nossos preços

- Maior número de consultas por parte de interessados

- Melhora surpreendente da qualidade das consultas

- Aumento na rentabilidade

- Retorno de alguns interessados, agora com uma confiança renovada

- Diminuição de seis para três ou quatro semanas no período de gestação entre a venda e o pagamento (este era um ponto crítico no nosso fluxo de caixa e tinha de ser vigiado)

Qualquer pessoa que pretenda ser crítica em relação à minha experiência poderia facilmente argumentar que esses eram os pontos que deveriam ter motivado a nossa mudança em primeiro lugar: ela estaria correta. Espero que as minhas próprias lições o ajudem a evitar eventuais armadilhas que possam ser causadas pelo planejamento ou pela localização de seus negócios.

Reflita sobre os aspectos positivos e negativos que possam ocorrer em sua empresa caso mude de endereço comercial. A localização e o acesso podem ser as questões mais importantes para os seus clientes e compradores, independentemente do tipo de negócio que você tenha. Se tiver dúvidas, pergunte a eles!

Coragem!

No mundo moderno, o sucesso depende da coragem que se tem ao longo da vida.

A vida e o sucesso no mundo moderno, ao longo de toda a sua existência, estão em proporção direta com o tamanho da parte da anatomia que constitui a masculinidade (ou, como se diz em espanhol e em inglês, aos seus *cojones*).

Desde o jardim de infância, aquele que respeitar as regras mais difíceis assume a liderança. No mundo dos negócios, às vezes, é uma questão de quem está preparado para assumir os maiores riscos comerciais, seja numa única ocasião ou regularmente, para alcançar um sucesso significativo.

É quase como o Jogo da Verdade: assumem-se riscos cada vez maiores na esperança de que nada vai dar errado. Para uma pessoa que costuma se arriscar, esta atitude, possivelmente motivada pela própria coragem, vai continuar até que se aposente; entretanto, essas habilidades e sabedorias vão sendo passadas para a geração mais jovem.

Isso pode ser notado em todas as esferas da vida. Invariavelmente, o CEO, ou sócio-fundador de uma empresa, não chegou à posição que ocupa sendo gentil e acolhedor para com todos na sua trajetória. Os atletas perpetuamente em treino nos campos de jogos lá permanecem por estarem geralmente dispostos a dar o máximo para obter sucesso. O melhor advogado de divórcio é, invariavelmente, o mais cruel.

Quando foi a última vez que você assumiu um risco empresarial calculado?

Ao dar o salto para se transformar no proprietário de uma empresa (de qualquer que fosse o lugar em que estava), você já é por definição uma pessoa que se arrisca. Parabéns! No entanto, esteja atento quando estiver planejando o futuro, e cuidado para não se tornar uma pessoa difícil de lidar se não for controlado ocasionalmente.

> «*Suponho que, no passado, a liderança significava músculos, mas hoje em dia significa estar junto das pessoas.*»
> Mahatma Gandhi

Não se apresse... em algumas situações

Assim que iniciamos a nossa empresa, fomos contatados pelos advogados de um ex-empregador, exigindo que parássemos a nossa atividade em 48 horas, com a alegação de que estávamos negociando com a sua clientela. Este não era o caso, mas, certamente, a exigência não era nenhuma brincadeira. Eu não sabia se ria ou se me preocupava. Adivinhar não seria a melhor opção nesta situação, e nós, como medida de precaução, prontamente procuramos um advogado.

Como ainda era um empresário relativamente verde, fiquei chocado com essa afronta do meu ex-empregador. Eu nunca poderia ter previsto uma atitude destas, e muito menos no primeiro mês de atividade. A minha coragem empresarial não estava, digamos, totalmente desenvolvida. Se o objetivo do meu ex-empregador fora o de me intimidar, foi bem-sucedido.

O nosso advogado recém-contratado nos deu alguns conselhos legais e preparou uma resposta robusta, com uma bravata similar à deles, sugerindo que, se quisessem prosseguir com as alegações de concorrência, estaríamos dispostos a impetrar uma ação legal.

No entanto, a nossa resposta foi deliberadamente retardada por nossa assessoria jurídica para desafiar o nosso ex-empregador tanto na abordagem quanto nos prazos que havia especificado.

Essa tática estava em harmonia com as ideias de um antigo cliente meu, que também sugeriu: «Deixe a carta na gaveta por alguns dias antes de fazer qualquer coisa a respeito.» Isto provou ser a coisa mais prudente a fazer, e depois de acusarem o recebimento de nossa resposta, nunca mais ouvimos deles.

Esta situação serviu como bom exemplo da possibilidade de surgirem despesas imprevistas em atividades empresariais. O nosso fundo de contingência foi dizimado pelas despesas jurídicas e conseguimos manter a nossa posição de fluxo de caixa — apenas — por termos planejado reforçar este fundo.

Dê um tempo

Pessoalmente, eu nunca fui do tipo de «dar um tempo» para tomar as minhas resoluções. Acredito que convenha a um diretor ser decisivo e tomar medidas firmes, reagindo a tudo o que passa pela sua mesa ou tela de computador. Alguns podem supor que, dando tais respostas rápidas, não tenha tempo de pensar a respeito delas; mas eles não entendem ser este um talento aperfeiçoado pela experiência empresarial. É precisamente por isso que você é quem é, e mantém esta posição.

No entanto, como a minha sabedoria cresceu (assim como a posição que ocupo, pois outras atribuições, inclusive legais, foram aparecendo com o tempo), levar mais tempo para tomar uma decisão tem sido muitas vezes a escolha acertada. É fácil demais reagir a uma questão e depois sentir que poderíamos ter nos manifestado de forma mais construtiva se tivéssemos esperado pelo dia seguinte.

O primeiro esboço

Atualmente, costumo fazer um rascunho da resposta a uma determinada situação e espero pelo dia a seguir.

Uma empregadora para a qual já trabalhei sugeriu que o seu «instinto» era o melhor caminho, e em muitas ocasiões ela estava correta. Deixar alguns pensamentos ordenados «cozinhando» durante a noite permite reflexão e ponderação. As alterações podem ser feitas na parte da manhã e, em seguida, se forem muitas, novamente deixadas por mais uma noite antes de serem enviadas.

Em minha opinião, esta é uma maneira desafiadora de lidar com a situação, em especial quando me sinto perfeitamente capaz de, todos os dias e num grande volume, tomar decisões rápidas e agir de forma adequada. No entanto, a maturidade, fruto das nossas atividades empresariais, pode mostrar valentia nessas situações. Quase invariavelmente, não existe necessidade real para se apressar em tais ocasiões: fazer uma pausa e me deter sobre a situação antes de dar uma resposta pode economizar tempo e dinheiro.

Este, porém, nem sempre é o caso. Ter uma equipe de profissionais de confiança focados, como um advogado e um contador competentes, vai render-lhe dividendos em certas ocasiões, quando o seu próprio conhecimento não for suficiente.

O seu planejamento de negócios

🕐 Olhando para o seu produto comercial/serviço: este poderia ser comercializado em novos pontos de venda para aumentar a sua participação no mercado? Como?

_____

_____

_____

🕐 O custo dessa inovação é acessível e alcançável? Por quê/ por que não?

_____

_____

_____

🕐 Qual é o seu ponto forte na empresa? Por quê?

_____

_____

_____

🕐 O trabalho a que se dedica é o adequado para você?

_____

_____

_____

🕐 As tarefas que realiza acrescentam valor real ao negócio? Que mudanças você vai introduzir?

_____

_____

_____

⏱ Há alguém na empresa que possa reduzir a sua carga de trabalho, permitindo-lhe ter tempo para pensar e crescer?

⏱ Você tem revisto os seus custos fixos? Quando/Como? Quando serão renovados os contratos (e custos associados) relacionados aos custos? Você já considerou alternativas?

⏱ Você conseguiria reduzir os custos de aquisição de negócios e aumentar o lucro através da terceirização?

⏱ Do mesmo modo, você poderia, de forma rentável, exportar/transferir os seus serviços/conhecimentos/produtos para outras empresas?

⏱ Você está pronto para os desafios que o modelo de seu negócio terá de enfrentar?

Capítulo Quatro
Roda desalinhada

Costumo ouvir que é preciso haver um equilíbrio entre o trabalho e a vida pessoal. Como passei por dois divórcios, pode-se muito bem argumentar que este equilíbrio não é o meu forte. Pode até ser, mas o fato é que sinto paixão pela minha empresa e não vou me desculpar por isso. Amo o que faço, o que torna toda a atividade de trabalhar muito mais fácil.

Os sócios de uma PME bem-sucedida sofrem inúmeras demandas comerciais, e muitos sabem que, caso se desviem dos seus objetivos, poderão desalinhar uma das rodas do veículo empresarial — ou mesmo perturbar a sua vida familiar. E como diz o provérbio, você pode apostar em dois cavalos numa corrida, mas apenas um vencerá!

A paixão que sente pela sua empresa deve se estender a todas as áreas de seu negócio e a cada contato com o cliente.

O seu sucesso dependerá da qualidade de suas comunicações e da confiança que você e a sua marca oferecem.

Confiança

A confiança é algo incrível: é difícil de ser criada e fácil de ser perdida. Você não pode vê-la, guardá-la ou tocá-la, mas sabe que existe.

Recentemente, assisti a uma apresentação em que foi sugerido: «A confiança é a moeda da persuasão».

Esse pensamento é relevante para todas as relações comerciais, desde a equipe até à chefia, passando pelos clientes.

Na mesma apresentação, houve um exagero de palavras subutilizadas, provavelmente para estimular o interesse. Normalmente, somos encorajados a usar uma linguagem clara e direta nos negócios — mas é evidente que nesta ocasião aprendi algo referente ao assunto.

Neste seminário foi mostrado como a palavra *reciprocidade*, o dar e receber (em contraposição ao lucro e à perda financeira), é relevante para gerar um ambiente de confiança e um bom relacionamento profissional entre os participantes. A *reciprocidade* é algo que todos compartilhamos, nem sempre de forma consciente. Isso pressupõe que saibamos em quem confiamos e porquê. Para muitos, esta é a diferença entre o lucro e a perda emocional. Isso me fez pensar sobre as pessoas que me inspiraram *reciprocidade*. A lista é infelizmente pequena, mas ainda assim de grande valor para mim, e espero que também para aqueles com quem divido essa confiança.

Olhe para trás e se mantenha saudável

É fácil ser consumido pela empresa. Você a vive e a respira todos os dias. No passado, fui acusado de ser *intenso*, por isso é bastante irônico que com a experiência que tenho no meu currículo, justamente eu sugira que você *não* se leve muito a sério.

Mesmo se for inconsciente, é provável que esteja estressado pelo fato de estarmos saindo da recessão e pelo enfadonho trabalho administrativo dos últimos anos. Os regulamentos e a burocracia serão sempre uma constante. Talvez no ditado sobre as certezas da vida deveríamos acrescentar além da morte, os impostos e os *regulamentos*.

Esses pensamentos também devem enfatizar os pontos profissionais em que você é mais forte e quais as áreas que devem ser desenvolvidas para que você tire o maior proveito delas.

Você é um caçador ou um agricultor?

Os seus valores, tanto pessoais quanto profissionais, permanecem os mesmos de quando começou o negócio tempos atrás? Muitos bons projetos de negócios nascem da adversidade, especialmente após um prolongado período de recessão.

No meu caso, eu tinha acabado de passar por um divórcio e julgava estar preparado para oferecer serviços melhores e mais personalizados. O meu emprego na época não caminhava na direção esperada, tornando necessária uma mudança, como me foi confirmado por aquele momento *Eureka!*, descrito no primeiro capítulo.

Começar um novo negócio do nada é desencorajador. Como sugeri anteriormente neste texto, foi o maior (e, como descobri mais tarde, o melhor) passo dado na minha vida profissional. Isto certamente resgata o *caçador* empresarial que há em nós.

Agora que o negócio está montado e em pleno funcionamento, e já existe certa estabilidade, a prioridade é *cultivar* a empresa, pois não basta caçar novos negócios.

Quando abriu a sua empresa, você era um caçador ou um agricultor de negócios? Qual deles você é agora? O que o inspirou a começar? O seu trabalho atual ainda o inspira?

Inúmeros bons livros de negócios sugerem que se a sua produção (qualquer que seja a modalidade empresarial: vendas, serviços, operações de *commodities*) não estiver crescendo, você está efetivamente retrocedendo. Se as pressões inflacionárias forem acrescentadas a esta equação, então é verdade. Talvez você tenha de ir à «caça» novamente.

Olhando para a frente, o que você pretende ser, *caçador* ou *agricultor*? Do que a sua empresa precisa? Talvez haja uma contradição nas respostas a estas duas questões e é importante analisar isso agora.

Um caçador pode virar agricultor?

Gosto de caçar. Continuo sentindo o mesmo entusiasmo do começo da carreira ao conquistar novos negócios. No entanto, após oito anos de produção, eu também tinha um monte de clientes e ativos que precisavam, para usar o termo, ser *cultivados por um agricultor*. O nosso modelo de produção apresentava uma lacuna e tínhamos uma solução para ela.

Assim, contratamos um novo membro para integrar a nossa equipe especificamente para atender à seguinte situação identificada: ajudar no crescimento do negócio, assegurando os ativos já existentes. Esta lacuna, a necessidade de desenvolvimento, não era por si só um problema, mas poderia ter sido caso não a tivéssemos identificado. Esta mudança empresarial também liberou o meu tempo para que eu pudesse me dedicar ao que faço melhor: conquistar novos negócios.

À medida que uma empresa vai se desenvolvendo, vai exigindo mudanças. Elas são um bom sinal e têm de ser encaradas como uma evolução positiva. Pode ser muito cômodo para um líder empresarial enterrar a cabeça na areia e esperar que as dores de crescimento desapareçam. O ponto importante é identificar a necessidade de expansão e, é claro, abordá-la quando o volume de trabalho estiver adequado para criar uma oportunidade lucrativa.

Tudo isso faz parte do processo de preparação para a recuperação que está no horizonte. É importante que seja feito agora, mesmo que você não consiga enxergar realmente a mudança — para melhor — que, embora ainda distante, já esteja se aproximando.

Ter tempo suficiente para cuidar das carências de seu negócio é vital. Às vezes, é preciso voltar aos valores fundamentais e princípios originais existentes nos planos que delineou no início.

Se você não olha para trás para seguir em frente, talvez seja por estar ocupado demais, pelos piores motivos.

Pessoas ocupadas

Se quiser que algo seja feito, peça a uma pessoa ocupada. No entanto, desconfie dos tolos que, apesar de parecerem sempre ofegantes de tão atarefados, não conseguem alcançar nada.

Quando a nossa empresa está funcionando com mais de cinquenta por cento da capacidade, o que é normal, o processamento de negócios assume um fluxo próprio, gerando eficiência no desempenho. A precisão também permanece alta.

Em alguns períodos do ano comercial (como um bom exemplo, no alto verão, quando as pessoas tendem a sentir calor e estão mais propensas à letargia), vemos a nossa produção cair abaixo de cinquenta por cento da sua capacidade. Nessas horas, por vezes, pode haver um declínio na motivação da equipe. Como a precisão tem de ser sempre mantida, abonos extras asseguram que a atenção seja redobrada durante estas fases de produção mais calmas. Se esta situação afetar as suas linhas de negócio existentes ou novas ideias empresariais, esteja pronto para atuar de modo a transformar essas horas mais ociosas em tempos preciosos.

Novos projetos só precisam de tempo

Quantas vezes em um ano você tropeça numa nova e brilhante ideia comercial? Espero que muitas vezes, e que cada uma represente uma oportunidade real.

Cada oportunidade sugerida por um membro da equipe ou, simplesmente, acabada de lhe surgir à mente, precisa de um *tempo* de maturação para ser posta em prática: uma façanha difícil quando a sua máquina está funcionando a todo o vapor. Nos negócios, esta é uma verdade inconveniente.

Anotar essa ideias nos períodos de pico e implementá-las nos de baixa produção é benéfico e pode ser inspirador, como o é para os membros da minha equipe que, caso contrário, poderiam estar menos concentrados (como no verão, no exemplo anterior). Se você mapear a produção de seus últimos cinco anos num gráfico, mês a mês, verá as tendências e identificará os momentos mais calmos — ideais para que novos projetos sejam introduzidos sem prejudicar a produção.

Para mim, os meus «tempos de calmaria» geralmente acontecem quando estou de férias e desacelero as engrenagens do meu cérebro; mesmo assim, as ideias continuam a aflorar tipo: «E se nós...», em relação aos pontos a que chegamos e ao progresso a ser feito. Eu sempre faço anotações dessas novas iniciativas e ideias realizáveis e as levo para o escritório no meu regresso.

Faça o que fizer, é importante considerar a forma de estas ideias serem postas em prática, e possivelmente o mais importante, produzindo o máximo efeito.

Economias de escopo (mais uma vez) na venda dos ativos da empresa

Possivelmente, você não economizou esforços para criar a sua marca e o seu produto, espero que, com sucesso. Como eu, você pode ter sentido prazer por este desafio.
Questões a considerar:

- Por que você criou apenas uma marca para o seu produto?

- Na época, por que não aproveitou para criar duas ou mais marcas alternativas?

- Se não criou mais de uma marca — como foi o meu caso — por que não as criar agora?

Um potencial benefício deste planejamento é poder vender cada marca em separado, ou em grupo, vinculada ou não à empresa principal. Vender linhas de produto ou marcas separadamente pode dar-lhe uma maior flexibilidade e a oportunidade de aumentar a sua liquidez, sem a necessidade de vender ativos da empresa principal.

Criar marcas adicionais para aumentar a participação no mercado tem demonstrado sucesso, se for cuidadosamente planejado. Cuidado, porém, para não desviar demais a atenção de seu produto principal; mas não deixe de obter um lucro adicional proveniente de outros mercados. Muitas das grandes corporações, ao começarem a consumir a própria cota de mercado, utilizam a estratégia de ir comprando marcas menores e rentáveis ao longo do caminho. Ter concorrentes não é necessariamente uma situação ruim, pela possibilidade de alavancar o nível geral de demanda de seu produto/serviço num segmento de mercado.

Tenho certeza de que você não rejeitaria uma oferta *lucrativa* de uma grande corporação interessada em tirar o seu produto de suas mãos.

Para conseguir isso, você provavelmente precisa da adesão de sua equipe. Por isso, é vital mantê-la motivada.

Mudar o ambiente de trabalho

Você acha que seria interessante reformar o seu ambiente de trabalho?

Talvez nunca tenha considerado essa questão desde que abriu as portas, tantos anos antes. É provável que, como é comum nesses casos, com o passar dos anos você e a sua equipe já tenham entrado na engrenagem (ou caído na rotina, em alguns casos). Será que aqui poderíamos aplicar o ditado inglês em que a mudança é tão boa quanto o descanso?

Temos de equilibrar este comentário adicionando o provérbio: *Não se conserta o que já nasce com defeito.* No entanto, talvez uma mudança no ambiente de trabalho valesse a pena, mesmo se fosse apenas em termos de decoração — que talvez já devesse ter sido feita há muito tempo.

Com certeza não é o seu objetivo ter funcionários entediados e pouco motivados num ambiente de trabalho desbotado. Muitas organizações, a cada dois ou três anos, operam um sistema de rodízio de seu pessoal para os ajudar a se desenvolver e lhes possibilitar uma maior interação com os colegas de trabalho e com os objetivos globais da empresa. Além disso, esse sistema também fornece uma profundidade maior no entendimento comercial, mantém a equipe focada e as mesas arrumadas — pois os funcionários não vão ficar lá indefinidamente.

Com as constantes evoluções das instalações comerciais de comunicação que vêm sendo disponibilizadas nos últimos tempos, e já que você está pensando fora da caixa, ainda há a necessidade de manter um escritório ou local específico? Talvez sim, mas eu gostaria de encorajá-lo a pensar em alternativas.

As razões pelas quais você escolheu estas instalações no passado continuam relevantes? Com o contínuo crescimento de seu modelo de negócio, a sua localização (ou o tipo de instalação, o armazém ou outros locais) precisa mudar e se desenvolver?

Experiências da história

Você pode pensar que reformando o ambiente de trabalho — o que inclui tanto mudanças positivas quanto negativas — não vai melhorar a produção. No entanto, estudos realizados no passado sugerem o contrário.

Um dos primeiros e mais famosos estudos sobre o assunto foi realizado por Elton Mayo — um professor de Harvard —, entre 1927 e 1932, na época da Grande Depressão. Estes tiveram origem em experiências preliminares quanto ao efeito da luz sobre a produtividade, realizadas entre 1924 e 1927 nas instalações da companhia elétrica Western Electric Hawthorne, localizada nos arredores de Chicago. Foi um grande estudo — conhecido como a Experiência de Hawthorne — que vale a pena ler, se você tiver oportunidade; como um aparte, o professor passou os seus últimos dias em Surrey, na Inglaterra.

As conclusões desses estudos sugerem, entre outras coisas, que as providências do empregador em relação às condições físicas de trabalho (tanto com relação a mudanças positivas quanto negativas), mesmo se tirando todas as melhorias, não afetavam a produtividade.

O que o estudo conclui? Aparentemente, o que propicia um melhor trabalho em equipe e uma maior colaboração são a atenção e a liberdade dadas aos trabalhadores (neste exemplo); além disso, o estudo concluiu que quanto maior a integração social, maior a disposição para trabalhar.

Você poderia utilizar esse tipo de abordagem com a sua equipe para melhorar a produção e, possivelmente, a inovação?

> *Alan Greenspan, ex-presidente do Banco Central americano (US Federal Reserve) afirmou que:*
> *«Não encontrei uma satisfação maior do que, após obter sucesso graças a uma negociação honesta e adesão rigorosa, constatar que, para ganhar, aqueles com quem você negocia, têm de ganhar também.»*

Você não deseja só tirar o melhor da sua equipe e da sua empresa, mas também oferecer-lhes o melhor. A título de curiosidade, nunca deixo de me surpreender com alguns proprietários de empresas que prestam atenção em todos os detalhes de seus escritórios ou fábricas, mas não mantém em condições o letreiro que dá as boas-vindas a todos os que chegam na entrada do estabelecimento. Para mim isso significa: «Estamos aqui, embora não estejamos tão interessados em você.» Quando se conhece o dono, porém, percebe-se que este não é o caso. Só há necessidade de chamar-lhe a atenção uma vez para ver o brilho do seu sorriso se apagar e a sujeira do cartaz de boas-vindas desaparecer. As primeiras impressões realmente contam.

Deixar tudo em ordem para revigorar a aparência é gratificante e necessário, para desfrutar do resto da viagem rumo à prosperidade. Dê um passeio pela sua empresa hoje e veja o que está bem... e o que não está!

É importante orgulhar-se da comunidade onde trabalha e também da maneira como representa e apresenta a sua empresa.

Dê algo em troca...

Supondo que você tenha montado um negócio bem-sucedido, existe a probabilidade de não ter feito tudo sozinho. Você possivelmente terá tido uma equipe de profissionais pequena no início (em casa, provavelmente a família lhe deu apoio), mas que foi aumentando com o tempo. Neste capítulo, adicionei lembretes preciosos para que você tome conta tanto do ambiente de trabalho quanto da paz de espírito dessas equipes.

Gostaria de acrescentar também que a comunidade que lhe fornece negócios também precisa de ajuda e orientação. Esta *comunidade* pode englobar a sua área comercial, categoria profissional, outras empresas, fóruns ou simplesmente o público local. Alguns poderiam levar isso ainda mais além, sugerindo que apoiar a comunidade é sua responsabilidade ou até mesmo sua *obrigação*, por ser líder empresarial. Talvez, ao começar o seu negócio, você possa não ter planejado uma estratégia de Responsabilidade Social Corporativa (RSC) simplesmente porque isso era inviável na época — mas talvez esta seja a hora para tal.

É provável que, como eu, você seja bombardeado com as mais diversas solicitações de doações a cada semana, senão diariamente. Vale a pena dedicar um tempo, diretamente ou através de alguém de sua equipe, para olhar a quem apoiar e como. Você pode optar por uma instituição de caridade específica, um evento ou fórum de negócios — mas adira a apenas uma ou duas causas por ano — assim poderá concentrar a energia adequada a cada uma delas.

É importante garantir que a política de RSC de sua empresa seja reconhecida e considerada eficaz. Isso não significa necessariamente disponibilizar muito dinheiro (embora a maioria das causas aprecie isso). Considere ajudar de outra forma, fornecendo o seu tempo, recursos ou mesmo equipamentos velhos, tais como computadores e monitores (ativos que já foram totalmente depreciados no balanço patrimonial de sua empresa ao longo do tempo).

É revigorante quando nos pedem um recurso que não seja dinheiro. Isso demonstra uma empatia para com o doador e inteligência da parte do destinatário, dizendo: «Estas são as nossas necessidades reais, você poderia ajudar?»

> *«Nada fazer pelos outros é desfazer-se de si mesmo.»*
> Horace Mann

A dádiva do tempo

Muitas organizações dignas de serem ajudadas só desejam a dádiva do tempo. Eu sempre afirmo que o dinheiro pode ser recuperado, mas o tempo não; assim, despenda este bem mais valioso com muito cuidado.

O seu tempo de dedicação pode ser na forma de consultoria empresarial ou orientação, ajuda em projetos ou participação no conselho de administração da entidade na função de gestor. Este é um trabalho gratificante e vale a pena.

Descobri que para um empresário pode ser fácil satisfazer muitas das necessidades de instituições, simplesmente desempenhando, como donativo, tarefas inerentes à sua rotina.

Ajudar a administrar uma instituição de caridade (que também é um negócio) geralmente não significa desbravar um terreno novo e pode ser mais fácil e compensador do que se poderia supor.

Construindo o moral

Há empresas que conseguem valor agregado fornecendo a uma determinada instituição de caridade um dia de trabalho de alguns de seus funcionários para completar uma tarefa, como redecorar um edifício, reformar um jardim ou organizar um evento de angariação de fundos. Esse trabalho poderia gerar uma grande oportunidade para levantar o moral de sua equipe e, ao mesmo tempo, dar algo em troca à sua comunidade.

Resultados positivos

Tenho certeza de que você não vai correr por aí a distribuir todos os seus rendimentos duramente obtidos, acenando alegremente o talão de cheque da sua empresa. Da próxima vez que falar com o seu contador, veja o que pode ser prudentemente doado e o que pode (se for o caso) ser deduzido no Imposto de Renda. Dependendo do caso, uma doação maior pode custar-lhe menos por gerar mais benefícios para a sua empresa. Como sabemos, essa não pode ser uma má estratégia empresarial.

Inicialmente, não achei que o título deste capítulo, Roda desalinhada, fosse muito positivo. No entanto, acredito que o seu conteúdo o seja e espero ter lhe oferecido alguma inspiração empresarial para garantir que nenhuma roda se solte da máquina que você, corretamente, tem se esforçado a desenvolver.

Há muitas ideias que poderiam ser implementadas, e seria interessante se você anotasse a sua própria situação nas próximas páginas.

O seu planejamento de negócios

🕐 Você é um caçador ou um agricultor de negócios?

🕐 É esse tipo de atividade que lhe agrada? Se não, como você pode reverter a situação?

🕐 Você está satisfeito com a forma como comunica com a sua equipe?

🕐 E essa satisfação será recíproca?

🕐 Você criou a sua marca. Ela está totalmente protegida?

🕐 Chegou a hora de criar uma marca/linha de serviço/ um produto adicional?

🕐 Como você controla os picos e as épocas baixas de produção para obter o melhor de você e da equipe? Novos projetos poderiam ajudar.

🕐 Você tem reparado no seu ambiente de trabalho (desde a entrada, a recepção, à área de produção) recentemente? Ele poderia ser melhorado de forma rentável? Você mantém o letreiro da empresa sempre impecável?

🕐 Você tem alguma política de RSC? Quando foi a última vez que foi revista? Se não tiver uma política, não seria interessante implementar uma?

🕐 A sua vida pessoal e profissional estão em equilíbrio? Se não, o que é preciso mudar?

Capítulo Cinco
O pequeno pode ser bonito

O pequeno é bonito; isso é especialmente verdade no mundo dos negócios. Costuma ser dinâmico, vibrante, flexível... mas, em compensação, vulnerável. Qualquer diretor de PME vai reconhecer todas essas características, bem como saber que nem vê a cor do dinheiro. As margens de lucro podem ser apertadas, e ninguém realmente se importa se num determinado mês o faturamento foi baixo... a não ser o chefe, é claro.

Na realidade, se todos os integrantes da empresa estiverem envolvidos com os objetivos globais acordados nas metas do negócio, o prazer em participar tende a aumentar na mesma proporção do lucro. Todos nós gostamos de atingir metas, tanto pessoais quanto em equipe.

Comunicar esses objetivos, especialmente numa PME, é vital para garantir que todos saibam o que precisa ser feito, quais os obstáculos que terão de enfrentar e quem mais está envolvido no processo, previsto no planejamento. É por isso que agora você é um gestor de pessoas, bem como o gerente do seu negócio.

Comunicação da equipe

Tenho de admitir que transmitir oralmente aos meus subordinados os planos e as aspirações de crescimento empresarial que tenho em mente nunca foi o meu ponto forte como gerente. Ainda não sou ótimo nisso devido a uma tendência a ser autoritário.

Entretanto, aprendi que pode ser muito gratificante dedicar algum tempo para discutir planos, pedir pontos de vista e opiniões sobre os aspectos positivos e negativos de uma mudança de objetivo ou de uma melhoria.

Recentemente, numa reunião de rotina, formulei à minha equipe a seguinte pergunta: «Se pudesse mudar alguma coisa na empresa, o que seria?»

As respostas foram reveladoras e convincentes. A maioria dos pontos poderia ser alterada numa semana de uma forma surpreendentemente econômica. E o mais importante, cada mudança representava muito para quem a propôs.

A equipe gostaria do seguinte:

- Que os boletins informativos enviados a clientes fossem coloridos e não mais em formato de carta

- Mudar o tipo de letra em nosso *site* para obter um texto «mais limpo»

- Substituir os assentos sanitários e as toalhas nos banheiros por uns de melhor qualidade (o olhar de um novo funcionário é muito aguçado e repara em detalhes que escapam a alguém mais antigo na empresa. Este exercício deu ao pessoal segurança para opinar, o que resultou numa renovação das instalações)

- Melhorar as marcas de café e biscoitos, oferecidas aos clientes

- Colocar uma TV de tela plana na parede do escritório (esta ideia foi rejeitada por outros membros da equipe por temerem que a TV provocasse distração)

Como podemos notar, essas sugestões não eram onerosas e até pareciam óbvias, ao se pensar nelas. Era evidente que estas questões eram importantes e constituíam um motivo de preocupação para as pessoas que as sugeriram.

Da mesma forma, provavelmente, também importavam aos clientes que faziam uso dessas instalações e facilidades. Foi simples solucionar os problemas evidenciados pela equipe, o que resultou numa mudança rápida e de baixo custo que iria melhorar o ambiente de trabalho, as propostas de clientes e a oferta de serviços.

Jogo de equipe

Durante o desenvolvimento de nosso negócio, as circunstâncias — e como consequência, o nosso quadro de funcionários — foram mudando. Começamos com uma equipe de duas pessoas, e, desde então, aumentar-lhe o número de integrantes tem sido uma tarefa interessante e às vezes frustrante. No final, porém, valeu a pena.

É vital aumentar a equipe para ter mais tempo para desenvolver a empresa, especialmente enquanto a curva de mudança econômica estiver ascendente. Delegar tarefas lhe proporciona tempo para pensar, avaliar as necessidades do negócio e perceber como desenvolvê-lo.

Como você é a força motriz do negócio, é provável que seja responsável pela maior parte do pensamento empresarial. Cabe a você refletir sobre os problemas, oportunidades e até variações que aparecem e, o mais importante, a missão de transmitir estas informações de desenvolvimento às pessoas certas, a fim de obter as medidas necessárias na forma como você espera.

> *Atribui-se a Thomas Edison a seguinte frase:*
> *«Cinco por cento das pessoas pensam. Dez por cento das pessoas pensam que pensam; os oitenta e cinco por cento restantes preferem morrer a pensar.»*
> M. Scott Peck.

> *«Pensar é o trabalho mais difícil que existe. Talvez por isso tão poucos se dediquem a ele.»*
> Henry Ford

É fácil ficar atolado nas tarefas básicas de uma empresa, inviabilizando qualquer tempo real de planejamento para o dia, a semana, o trimestre e o futuro no longo prazo. Como já sugeri, na realidade só lhe restam doze meses para se preparar até que o crescimento se instale.

Certifique-se de solucionar as questões empresariais usando este período de forma sensata.

Incentivos

Dar aos membros da equipe o respeito e o espaço para que possam florescer é importante para garantir que você, como proprietário da empresa, obtenha o compromisso, o retorno e a informação vitais para conduzir o negócio.

Um negócio é normalmente (e corretamente) uma situação interativa de equipe. É preciso que você transmita a sua visão, para assegurar que cada membro compreenda a extensão do papel que ele desempenha e as razões pelas quais a tarefa que lhe foi incumbida precisa ser alcançada, com a prioridade exigida e no prazo estabelecido. Incentivos poderão ser necessários; mas se produzirem o efeito esperado, serão apenas custos adicionais de aquisição e, possivelmente, um preço pelo qual vale a pena pagar. Apenas certifique-se de que o valor da meta estabelecida seja maior do que o incentivo pago.

Apoio de equipe

Não se engane, as primeiras impressões contam. Você sempre vai representar *a si mesmo* em primeiro lugar e, *depois*, a empresa que possui. Desde o seu cartão de visita de alta qualidade até o seu *site*, passando pela forma de se vestir, todos eles transmitem os seus valores.

A sua equipe de linha também representa a sua empresa. Talvez se espere que eles se vistam de uma forma particular, como por exemplo, trajando ternos elegantes. Para o pessoal de apoio, isso pode ser mais uma expectativa do que um requisito.

Oferecer a este último grupo alguns benefícios não-financeiros vai estreitar-lhes o relacionamento e o compromisso. Por exemplo, aderimos à sexta-feira casual, na qual os ternos foram abolidos. Além disso, obter algum tempo extra parece significar mais para muitas pessoas do que um salário adicional (embora eu tenha certeza de que eles preferissem receber ambos os benefícios).

Frederick Herzberg, psicólogo, teorizou que a satisfação e a insatisfação no trabalho atuam de forma independente. As suas teorias, cujos nomes sugestivos são *Teoria da motivação-higiene* e *Teoria dos dois fatores*, tem como base o estudo de «fatores de higiene, tais como o *status*, a segurança no emprego, o salário, os benefícios adicionais e as condições de trabalho».

Ele observou, entre outras coisas, que o salário e a renda não são *motivadores*. Permitir que a nossa equipe saia às sextas-feiras uma hora mais cedo — desde que todas as tarefas sejam realizadas — é um grande incentivo. Em compensação, deixamos claro que nos períodos de maior movimento, se for necessário, para ajudar a empresa, há a necessidade de trabalhar até mais tarde, sem nenhum proveito extra; os funcionários têm de compreender e cooperar nessa questão. Em troca, damos um horário mais flexível em outras circunstâncias, quando possível.

Não se esqueça de oferecer treinamentos! Mas para quem?

Espero que tenha dado à sua equipe o benefício de sua sabedoria comercial, cuja aprendizagem foi adquirida antes de a empresa começar. Este conhecimento terá sido acumulado ao longo dos anos a ponto de dar-lhe a confiança de seguir o seu caminho sozinho ou de iniciar a sua empresa em sociedade com parceiros.

Transmitir a sua perspicácia é geralmente um prazer. Ela permite que outros desenvolvam habilidades, além de revelar talentos que poderão ser de grande valor para o seu negócio, que está crescendo, e para a sua força futura. Se você veio de um grande ambiente corporativo, os seus «dias de treinamento» podem ter sido encaixados nas atividades de sua ocupada agenda. É desta forma, certamente, que eu me lembro desses treinamentos, e, em retrospectiva, sou muito grato por essas oportunidades.

Treinamentos podem ser caros e talvez tenham de ser limitados na «fase de incubadora» de sua nova empresa, aguardando pela «fase de maturidade» mais adiante. Agora pode ser a hora de investir em formação mais uma vez.

Sendo um custo indireto, a formação é geralmente uma das primeiras despesas a serem cortadas quando os tempos ficam difíceis. É provável que se trate de uma economia míope, especialmente agora, quando é hora de crescer.

A profissão, atividade comercial ou industrial que exerce vai continuar a se desenvolver, e estou seguro de que haverá funcionários a reivindicar formação para expandir o seu próprio repertório de habilidades que beneficiarão o seu negócio. Há normalmente uma grande variedade de treinamentos, e escolhê-los de forma sensata pode economizar custos, tanto em termos financeiros, e o mais importante, quanto no tempo gasto.

Com um grande fluxo diário de trabalho sobre a sua mesa ou na tela do seu computador, você, como empresário, pode perder o contato com as mudanças e inovações capazes de melhorar a sua própria oferta. Isso poderia diminuir ou retardar-lhe o desenvolvimento e deixá-lo em desvantagem quando a mudança ocorrer.

Certifique-se de que *você* dispõe de tempo para a sua própria formação e para ler as publicações especializadas: assim, conhecerá as mudanças que estão ocorrendo. Ambos os meios, tanto os cursos quanto a leitura, podem trazer grandes oportunidades.

Economia doméstica... tudo faz parte do jogo

Economia doméstica soa bastante mundano; e normalmente é. Porém, isso não diminui a necessidade e importância da manutenção de uma empresa saudável que está a caminho do desenvolvimento, crescimento e sucesso. É como cuidar de um carro: nunca é emocionante, mas é essencial para o seu veículo (e para o seu negócio), na preparação para futuras necessidades.

Todos os anos, as renovações anuais de seguros e de registros (se necessárias) pousarão sobre a sua mesa, exigindo a sua atenção. Nem todas as regulamentações são meras burocracias. Algumas podem ter o benefício de proteger a sua profissão ou atividade, mantendo altos padrões e até afastando profissionais desonestos.

Aproveite a oportunidade para comparar custos de seguros e garantir que essa despesa continua competitiva. As contas a pagar não o surpreenderão. No geral, terá um prazo conveniente de 28 dias para pagá-las. Programe-se para realizar os pagamentos somente no vencimento, para benefício do seu próprio fluxo de caixa e não o de seu credor. Muitas vezes, é acordado com o fornecedor que o pagamento seja parcelado. Se dispuser de um bom fluxo de caixa, negocie um desconto e realize o pagamento à vista. Negocie (ou tenha um funcionário que o faça) cada contrato de fornecimento para obter o melhor preço e as melhores condições de pagamento. Você terá o seu próprio sistema para realizar os pagamentos. Eu, por exemplo, faço uma programação semanal dos vencimentos das faturas a serem pagas; acho esse método simples, eficaz, robusto, e me poupa tempo. No Brasil, o melhor é fazer uma programação diária para que não haja atrasos que possam acarretar multas, juros e, por vezes, até correção monetária. Lembre-se de que se a fatura recair num fim de semana ou feriado bancário, se esta ainda não foi quitada, deverá ser paga logo no primeiro dia útil após o vencimento.

O fornecedor «do bairro», pequeno, mas vital

Assumindo que você tenha um fluxo de caixa saudável, possivelmente estará em vantagem no futuro. Infelizmente, muitos dos seus fornecedores pequenos, mas vitais, ainda exigem uma quitação rápida de todas as faturas que enviam. Eles não têm o mesmo poder financeiro ou o volume de negócios como o das grandes organizações, que dão um prazo, digamos, de 90 dias após a venda para a quitação de suas faturas.

No entanto, sendo um defensor do pequeno comércio, gostaria que continuassem no mercado por muito tempo para abastecer a nossa empresa com os seus produtos básicos, para que as rodas do nosso negócio continuem em movimento. Pagar-lhes de imediato é a alma do comércio deles e vital para que continuem existindo no futuro.

Se você quiser que continuem no mercado daqui a um ano, pague-lhes prontamente.

Ter reputação de mau pagador só o vai prejudicar mais tarde, justamente quando *você* precisar de algum apoio, serviço e flexibilidade de um pequeno fornecedor.

Planejamento holístico

Acima de tudo isso, tenha uma visão holística com relação à manutenção, para que o seu negócio seja o mais saudável possível e esteja preparado para qualquer imprevisto no futuro.

Sendo um planejador financeiro que assessora muitas PME e sócios proprietários de empresas, eu agora poderia escrever muitas páginas sobre os mais variados meios de proteger um negócio e sobre os problemas aos quais está sujeito, bem como as formas de enfrentá-los. Ao invés disso, sugiro que reveja os assuntos tratados nos subtítulos que se seguem, pois vale a pena serem revistos, caso não o tenha feito recentemente.

Seria inútil construir um ativo tão valioso (possivelmente o mais valioso que você possui) quanto a sua empresa e não o proteger. Você faz um seguro para o seu carro e respectivos acessórios e equipamentos que, com certeza, tem um valor mais baixo do que o de seu negócio, estabelecido e maduro. Este descuido pode bem ser decorrente do seu trabalho duro e respectivo sucesso, especialmente agora que sabemos que a economia já iniciou a sua transformação positiva.

- *Testamentos*

    Você já fez um testamento? Se tiver ativos no exterior, você fez um testamento no país onde os bens se encontram? Esta é uma maneira de determinar para quem a sua participação ou ativos da empresa serão transmitidos no caso de sua morte. Se houver coproprietários ou sócios no negócio, eles têm testamentos válidos e você sabe para quem passarão a participação do negócio caso venham a morrer?

- **Proteção dos acionistas**

  É possível proteger o valor patrimonial de sua participação na empresa no caso de sua morte. Talvez você já o tenha feito no passado — espero que com um bom planejamento financeiro. No entanto, é provável que o valor patrimonial de sua empresa tenha crescido em sua trajetória, atingindo o seu preço real de venda futura. A sua cobertura atual é condizente com o novo valor?

  Procure aconselhamento jurídico e financeiro para criar essa cobertura; assim, terá a certeza de que, se houver necessidade, a transição patrimonial de sua empresa ocorrerá de forma eficiente.

- **Proteção a pessoas-chave**

  Você é uma pessoa-chave, sabemos disso. Quais são as demais pessoas-chave, aquelas que fazem o seu negócio acontecer, e sem as quais a máquina que você criou se retardaria ou pararia de repente? Identifique-as e considere fazer um seguro de suas posições.

- **Proteção contra a doença**

  O papel do proprietário da empresa é estressante. Ele tem os seus benefícios, com certeza, mas não sem as pressões comerciais correspondentes. Se você estiver incapacitado de trabalhar devido a problemas de saúde, mesmo assim a empresa deverá arcar com o seu pró-labore, o que poderia facilmente representar uma pressão sobre o seu fluxo de caixa comercial. Além disso, talvez ainda tenha de pagar alguém para o substituir. Se a sua situação de saúde for grave, isso pode continuar por muitos meses. Não é a melhor posição de fluxo de caixa, tenho certeza de que você concorda com isso. Uma proteção adequada poderá ser obtida para ajudar, se isso viesse a ocorrer.

Por outro lado, se essa incapacitação ocorrer com qualquer funcionário, de acordo com a legislação brasileira, a sua empresa deverá arcar com os primeiros quinze dias de salário; após esse período, caberá à Segurança Social efetuar todos os pagamentos ao funcionário.

Nesse ponto, gostaria de esclarecer que é importante que todos os empresários cumpram rigorosamente a legislação trabalhista. Desta forma, além de assegurar os seus funcionários, vai evitar possíveis problemas futuros com ações trabalhistas. Por outro lado, esteja rigorosamente em dia com relação às contribuições previdenciárias e trabalhistas: os atrasos geram multas onerosas.

Não se esqueça de que há seguros de saúde que oferecem assistência médica, caso seja necessário. Ao mesmo tempo, considere realizar *checkups* médicos anuais. Muito está sendo exigido de você no dia-a-dia, e sem querer ser rude, só franco, ninguém quer que venha a morrer em sua mesa de trabalho. Isso seria triste e sem sentido, mas esta situação não é inédita. Não deixe isso acontecer com você. O seu carro precisa de uma revisão anual, por que você não?

- ### *Diversificação de investimentos*

    Muitas pessoas sugerem que a sua casa ou o seu negócio (ou ambos) são os seus fundos de aposentadoria. Na sua empresa, é provável que tenha algumas linhas de negócio ou fontes de rendimento que a alimentam e lhe diversificam a remuneração, o lucro e a sustentabilidade.

Isso significa que você não depende de uma única fonte para o sucesso, se esta sofrer uma crise (ou, pior ainda, parar). Esta diversificação poderá proteger o seu negócio numa eventual calamidade. Efetivamente, é natural que você coloque mais do que um «cavalo» no páreo que é a sua produção.

O mesmo princípio deve ser aplicado com relação à renda de sua aposentadoria no futuro. Se tudo der certo, a venda de seu negócio vai fornecer-lhe uma provisão suficiente para o sustentar em seu crepúsculo. Quaisquer poupanças adicionais, tais como aposentadorias ou rendimentos decorrentes de investimentos, poderiam representar um bônus a ser usado quando julgasse necessário. Se der errado, essas economias adicionais podem dar-lhe um tempo para corrigir qualquer desaceleração no progresso da empresa ou nos lucros, ou amortecer a queda se a empresa fracassar.

Muitos donos de empresas, que viram os planos de se aposentar no final da primeira década do século XXI fracassar, vão concordar com essas ideias e confirmar a necessidade de continuar trabalhando por mais cinco a dez anos para enfrentar a recessão pela qual acabamos de passar.

As notas acima não constituem uma lista de manutenção exaustiva. Há muitas outras questões que devem ser consideradas a cada ano. Essas notas devem dar uma indicação do que você, como líder da empresa, pode revisitar quando se deslocar para a próxima fase de crescimento do negócio.

No mínimo, uma vez que tenha a manutenção em ordem, isto deve fornecer-lhe mais confiança para seguir com o seu negócio — mais longe e mais rapidamente.

Por favor, note que nenhum aconselhamento financeiro ou legal foi fornecido na elaboração do texto deste livro. Procure aconselhamento de um profissional qualificado para o seu próprio caso concreto.

Libere o seu tempo... contrate um estagiário

Eu recomendaria a qualquer empresário ou administrador que faça uma melhor gestão do tempo — do seu próprio e do da empresa — através da contratação de um ou mais estagiários.

Contratar um estagiário (ou manter um programa completo de *trainees*) tem muitas virtudes e oferece aos nossos jovens a oportunidade de vivenciar um ambiente de trabalho e, espero, prosperar sob a sua influência.

Nós começamos um programa de treinamento há pouco mais de um ano, com a colaboração de uma faculdade da região. O nosso novo colaborador, Jack, estudante de Administração de Empresas, trouxe muita energia para o time; ele aproveitou a oportunidade para se envolver nas tarefas básicas administrativas que o nosso escritório exige todos os dias.

Com isso, descobri que sobrou mais tempo para a minha equipe controlar outras questões, que eram, por vezes, resolvidas às pressas para cumprir prazos. E, como consequência, deixei de executar muitas tarefas: assim, consegui me dedicar ao pensamento criativo e ao planejamento. Francamente, era isso o que eu devia estar fazendo —, e, entre outras coisas, essa ajuda me proporcionou um tempo para pensar sobre o conteúdo deste livro.

Um estagiário é uma solução de custo eficaz para liberar tempo, por isso recomendo esta prática. Jack já foi efetivado e faz parte da nossa equipe permanente; estamos considerando repetir o processo.

Há pessoas que argumentam que esta é uma maneira de recrutar trabalho de baixo custo; eu discordo. Jack e eu concordamos que isso não é verdade, pelo menos com relação à nossa experiência.

Eu não entrei na universidade aos dezoito anos, como a maioria das pessoas, e realmente só descobri o mundo acadêmico quando já beirava os trinta. Também comecei como estagiário, e foi benéfica a experiência de estar num ambiente de trabalho, o que permitiu que eu me envolvesse no mundo dos negócios e em seus sistemas.

A evolução da minha curva de aprendizagem foi incrível; completei-a em meados dos anos oitenta, curiosamente, enquanto o país estava saindo da recessão. Creio que só mais tarde, no final dos anos oitenta, quando foi revelado o lado feio dos excessos cometidos, que agradavam à maioria, é que o Reino Unido tomou conhecimento de que saíra da recessão. Os registros históricos da década de oitenta mostram que uma economia «fria» (e fraca) estaria prestes a acontecer em três anos — apesar de a maioria das pessoas, se você perguntar, ter esquecido dessa recessão superficial, cujos efeitos no longo prazo foram praticamente neutros.

Energia juvenil

Considere a opção de contratar um estagiário e pense na energia que os jovens podem trazer ao futuro de sua empresa.

É evidente que a adaptação levará algum tempo e haverá necessidade de treinamento adequado. No entanto, eles estarão ansiosos para começar — como você está agora e já esteve um dia. Você pode moldá-los para atenderem às suas necessidades empresariais.

Essas pessoas representam o futuro de sua empresa, e todos os negócios precisam deles para alcançar o verdadeiro potencial de crescimento.

> «A juventude é o depositário da prosperidade.»
> Benjamin Disraeli

O seu planejamento de negócios

⏱ Supondo que, até agora, você tenha sido cauteloso no recrutamento de novos funcionários, julga que chegou o momento de expandir o seu pessoal para atender às demandas do mercado? Como isso será feito?

_____

_____

_____

_____

⏱ Será que a introdução de um programa de treinamento vai lhe agregar valor? Qual de suas tarefas poderia delegar para ter mais tempo?

_____

_____

_____

⏱ Qual a estratégia de formação profissional em vigor em sua empresa? Quando foi atualizada?

_____

_____

_____

_____

⏱ Você faz parte deste programa de formação?

_____

_____

_____

⏰ Quando foi a última revisão da estrutura corporativa de sua empresa e dos mecanismos destinados a protegê-la?

_____

_____

_____

_____

⏰ Você se sente seguro quanto à proteção da propriedade legal de seus direitos comerciais?

_____

_____

_____

_____

⏰ Seria interessante ter o seu negócio avaliado agora? Isso poderia permitir que você monitorasse a evolução desse valor no futuro.

_____

_____

_____

_____

Capítulo Seis
Nunca mude a sua marca... epa!

Em meu primeiro livro, opinei que o *rebranding*, ou mudança de marca, só deveria ser feito se necessário.

É com certa ironia que, tempos depois, involuntariamente e de má vontade, entramos num litígio para proteger a nossa marca; apesar de termos vencido a causa, somente vinte e quarto meses após ter terminado de escrever o meu primeiro livro, as primeiras *Crônicas de Churchouse*, mudamos a nossa marca.

A vida, especialmente a vida profissional, está cheia de desafios e novas experiências: este acontecimento foi a prova disso.

No início de minha atividade empresarial, eu acreditava que o meu nome reluzente na soleira da porta acrescentaria aos meus produtos um toque pessoal, além de facilitar que eu ganhasse a confiança dos clientes e fechasse eventuais negócios. Eu estava certo, o nome funcionou bem — mas criou mais tarde, num outro ciclo de vida da empresa, um problema diferente.

> *«Marca é o que dizem de você quando você não está presente.»*
> Jeff Bezos, fundador da Amazon

Todas as empresas têm um ciclo de vida. Em qual «ciclo de vida» a sua empresa se encontra no momento? Se por acaso você vender o seu negócio, o novo proprietário vai comprar você, a empresa ou ambos?

Então, o que aconteceu conosco?

Fax para o senhor!

Ao registrar a nossa marca original no Escritório de Propriedade Intelectual (IPO), não me ocorreu contratar um serviço que nos notificasse caso alguém tentasse registrar um nome similar na categoria em que fomos registrados: a de *serviços financeiros de retalho*, que no Brasil equivale a de *serviços financeiros*. Como um aparte, no Brasil, o registro é feito nas representações do Instituto Nacional de Propriedade Intelectual, cuja sede se localiza no Rio de Janeiro.

Estou certo de que teríamos pagado por esse serviço extra, pois o tempo demonstrou que teria valido a pena. O fax em nosso escritório deu sinal de vida, e ali estavam diante de mim as páginas recém-impressas que continham um pedido de registro de marca muito semelhante à nossa, na mesma classe, solicitado por uma grande instituição financeira.

Graças ao trabalho árduo de pesquisa na internet, os meus colegas baixaram na íntegra — e questionaram — todos os termos da aplicação. Isto incluía o documento e o contrato que seriam registrados pela empresa em questão.

Olhando para trás, lembro-me de não conseguirmos acreditar na própria «sorte». Um importante grupo financeiro registrando uma empresa com a nossa marca! Será que teríamos alguma vantagem? Ledo engano! Os resultados finais, porém, compensaram o esforço e o tempo investidos. Estou satisfeito por este episódio ter chegado ao fim.

Após negociarmos os termos seguintes, planejamos e executamos com sucesso a mudança de nome e de marca. Acho que eu estava mais preocupado com o assunto do que os meus clientes. A comunicação foi a chave para garantir uma transição suave do nome antigo para o novo.

> «A vida não é encontrar a si mesmo. A vida é criar a si mesmo.»
> George Bernard Shaw

Fortificando a nossa marca

Na minha visão e estratégia, no longo prazo, ao mudar o nome da empresa, mantivemos a força e a integridade da antiga marca, desenvolvidas inicialmente.

Assim, criamos um logotipo semelhante ao anterior, mantendo o mesmo estilo, formato e cor. No entanto, aproveitamos a oportunidade para adicionar um toque mais moderno à apresentação e à forma de execução do serviço. Tanto os gráficos quanto o dinamismo geral do nosso negócio têm se aperfeiçoado significativamente ao longo da última década — a atualização e a modernização da imagem da marca foi uma estratégia que demonstrou ser eficiente em refletir essas mudanças.

Do ponto de vista da mudança de horizontes e do «afastamento» emocional da empresa que eu ainda admiro, o *rebranding* tem sido um grande sucesso. Agora sinto que posso vender o negócio num futuro distante — antes teria de vender *o negócio e o seu dono*, ou seja, a mim. Você ainda ama o seu negócio e deseja mantê-lo, mas agora há uma distância que jamais será recuperada. É quase como um parceiro infiel que você tenha perdoado.

Escrevo este texto cerca de dezoito meses depois da mudança de nome e do alinhamento da nova marca; sinto que uma alavancada no negócio foi um efeito concreto dessas medidas. Eu temia que os clientes abandonassem a nossa organização, porque o epônimo derivado de meu nome havia sido removido da porta.

Na verdade, a retirada do meu nome foi apenas o fim de uma viagem do ego. Ninguém parecia muito preocupado com isto, contanto que o serviço fosse mantido e renovado de forma constante.

Este processo também permitiu que olhássemos para o nosso modelo global de *marketing* e para a respectiva forma de ser implementado e, ao mesmo tempo, que conferíssemos se estes precisavam ser atualizados. Você vai ver, pelas notas abaixo, que muitas mudanças precisavam ser providenciadas.

Processo de limpeza

Quando você começa um novo negócio, há um esforço natural para garantir que tudo esteja em ordem antes que as portas sejam abertas ao público. Esta abordagem só é correta se você tiver a rentabilidade em mente. Cada aspecto do fornecimento de seu produto ou serviço representa você e o valor a ser oferecido. O ideal é que os seus clientes e consumidores tenham a mesma percepção que você quanto à sensação, à qualidade e ao fornecimento do seu produto ou serviço único. Além disso, a execução tem de ser especial e pessoal para agradar ao cliente de forma que ele volte mais de uma vez e transmita aos próprios contatos o quanto está satisfeito com o produto. As recomendações são poderosos geradores de negócios.

> *«A sua marca premium tem de oferecer algo*
> *especial, ou não ganhará o negócio.»*
> Warren Buffett

Nunca subestime o poder do boca-a-boca. Acredito que a maior dificuldade consista em conseguir que uma nova pessoa compre pela primeira vez: as vendas subsequentes são uma reafirmação da primeira experiência, o que facilita a decisão de o cliente comprar de você novamente. Isto tem a vantagem de diminuir o custo de *marketing* por venda unitária e, geralmente, impede que os gastos atinjam um nível mais alto.

Lembre-se sempre de que boas notícias viajam rápido, mas as más notícias (digamos, a respeito de um mau serviço ou produto decepcionante) viajam a uma velocidade supersônica!

Sinta o seu produto

Isso levanta a seguinte questão: Quando foi a última vez que reavaliou a *execução* de seu produto e o *impacto* que ele causa? Talvez este seja o momento apropriado, porque o mercado mudou ou porque, com o tempo, a sua oferta pode ter se tornado obsoleta.

Quando se administra uma empresa de serviços financeiros, tanto no Brasil quanto no Reino Unido, temos de lidar com uma grande quantidade de papéis: documentos para atender às exigências regulamentares e literatura publicitária para transmitir confiança aos clientes em relação ao que podemos fazer por eles, tanto agora como no futuro.

Quando fizemos o *rebranding*, os antigos materiais de escritório tiveram de ser substituídos por outros com o novo nome e logotipo. Essa medida foi útil, pois me deu a oportunidade de rever o texto promocional, tarefa que há três anos não realizava. É incrível como o tempo passa! Ao ler parte da literatura publicitária da empresa até estremeci, por achar o texto «envelhecido» em relação ao nosso estilo de execução e à mensagem. Após uma exaustiva sessão de reescrita, foram produzidos novos documentos que transmitiam a nossa nova proposta — bem melhor e mais madura do que a anterior.

Esta revisão inspirou outras medidas: substituímos e melhoramos a nossa sinalética, e também revimos e atualizamos o que julgamos necessário: a decoração do escritório, o *site* e até mesmo os equipamentos que usávamos.

Fiquei horrorizado quando a velha máquina de fax quebrou e um funcionário me disse que teria de ser substituída. Absorto pelas páginas de um documento que eu estava escrevendo, murmurei:

— A máquina é nova, tem no máximo uns seis meses. Deve estar na garantia.

— O prazo de garantia acabou em 2005 — foi a resposta desconcertante.

Era um sinal de que os últimos sete anos, ou mais, realmente tinham voado. Ficou claro que os detalhes de infraestrutura do escritório mereciam um pouco de atenção, e muito teria de ser posto em ordem.

Os melhoramentos do escritório — um tanto atrasados — foram refrescantes, não só para mim mas também para todos os que trabalhavam comigo. A história mostra que a mudança pode ter muitos benefícios, como vimos no Capítulo Quatro, nos estudos de Elton Mayo.

«Sem desvio da norma, o progresso não é possível.»
Frank Zappa

A segurança dos dados e das atualizações

A proteção da propriedade intelectual geralmente pressupõe a atualização não só de programas de proteção ao computador, mas também melhorias das instalações e capacidade da internet. Como a máquina de fax mencionada anteriormente, os dispositivos dos equipamentos de informática e dos sistemas operacionais rapidamente tornam-se ultrapassados, mesmo obsoletos. Acho que já passamos por três sistemas operacionais diferentes desde que começamos a empresa; cada mudança, até que nos adaptemos a ela, consome tempo de produção e de gestão.

Essas mudanças, no entanto, trazem os seus benefícios. Em primeiro lugar, fornecem a plataforma para atualizar o *hardware* e o *software* que asseguram o aprimoramento da proteção dos nossos dados comerciais e das informações de nossos clientes. Isso é vital, porque, como todos sabem, as novas e variadas modalidades de fraudes cibernéticas e *hackings* também têm se desenvolvido, conforme o aumento de custo dos serviços de muitos dos grandes produtores multinacionais de informática comprova nos últimos tempos.

É também uma oportunidade para rever os fornecedores de *hardware* e as modalidades nas quais os sistemas são adquiridos — comparando compra *versus* opção de *leasing*

— para garantir que o valor e a eficiência contábeis sejam mantidos.

«*Afastando*» *clientes*

Não é preciso dizer que a frase acima tenha de ser compreendida não no sentido literal, mas sob o ponto de vista da rentabilidade empresarial. Para um angariador de negócios, isto é algo que não surge naturalmente, mas é absolutamente necessário para manter as margens de lucro. Ao iniciar a sua atividade, o seu objetivo é criar uma carteira de clientes leais que vão negociar com você repetidamente no futuro. À medida que amadurece, você pode segmentar esta clientela de forma a manter e aumentar o lucro. (Vou falar mais sobre o processo de segmentação mais adiante, neste capítulo).

Grandes varejistas, interessados num determinado mercado-alvo, procuram agarrá-lo usando a tecnologia como instrumento, tal como os cartões de fidelidade. Este conceito pode ser caro, e até mesmo de aplicação inacessível para as PME de menor dimensão. Alternativas mais realistas, utilizando *softwares* para sistemas inteligentes de monitoramento podem alcançar uma segmentação eficaz e rentável. Você também pode considerar os mais recentes serviços de *data mining* (mineração de dados, uma ferramenta de *marketing* fascinante), neste caso para selecionar o mercado e melhorar o envio de mensagens corporativas e respectivos resultados.

Inicialmente, o que nos levou à segmentação de clientes não foi a perspectiva de lucro maior; o que nos chamou a atenção foi uma carga maior de regulamentação e o seu alto custo. Em última análise, estes conduziram a uma maior perspectiva de lucro.

A regulamentação e a burocracia são a perdição de muitas economias maduras, principalmente nos países desenvolvidos do hemisfério ocidental. Independentemente do setor em que atua, as exigências governamentais quanto à saúde, segurança, regulamentação bancária/fiscal e afins vão fazer você e a sua empresa desacelerar enquanto desperdiça o seu tempo preenchendo requisitos que asseguram o trabalho de alguém que você nem conhece.

No mundo moderno de «padrão digital» que agora envolve a todos nós, para realizar os pagamentos de todas essas exigências costumamos enviar formulários *online* que geram faturas. Estas sofrem aumentos sempre maiores do que a inflação, sem justificação nem qualquer benefício visível para a empresa. O custo do seu tempo ou do de sua equipe no cumprimento desta regulamentação tem de ser suportado pela empresa e inserido no preço oferecido aos clientes existentes e interessados.

No nosso ramo, uma mudança considerável na regulamentação nos obrigou a rever o nosso modelo de negócios e os serviços que prestamos. As medidas que a nossa ordem profissional passou a exigir elevaram, corretamente, a categoria a que pertencíamos, em todos os sentidos.

Embora esta burocracia parecesse inútil em muitos aspectos, fez que nos aprofundássemos na nossa oferta ao cliente e revíssemos o nosso custo unitário real no fornecimento de cada um de nossos serviços. Recentemente, ouvi esta série de ações ser referida como um *mergulho profundo*: vai até o fundo do processo de vendas e custos, avalia o efeito sobre a rentabilidade, para depois emergir e concluir a transação. Foi um exercício revelador, que mostrou o custo mínimo de execução e também destacou as despesas acumuladas e crescentes a serem inseridas no preço.

Política de preços mínimos

Da noite para o dia, introduzimos e promovemos um custo inicial mínimo para os nossos serviços. Qualquer pedido feito abaixo deste nível de remuneração acordado (que a cada ano sobe em cinco por cento como proteção contra a inflação) seria rejeitado.

Este tabelamento do valor dos serviços tem gerado vários efeitos. O número de questionários recebidos caiu, poupando-nos o tempo que levaríamos a falar com os interessados que não iriam valorizar adequadamente a nossa proposta e visão empresarial. Além disso, significava que quaisquer interessados com quem falássemos estavam cientes de nossos custos e taxas e que estavam, de modo geral, satisfeitos com a transparência desses, antes mesmo de nos visitarem para a primeira reunião.

Começamos a atrair um calibre diferente de interessados. Eram, na maioria, pessoas que acumularam riqueza por causa da atitude em relação à vida e ao trabalho. Assim, o nosso faturamento aumentou.

O fato de essas pessoas já estarem cientes dos nossos serviços antes da consulta torna as vendas e o processo de execução menos estressante e mais profissional. Quanto mais descontraídas estiverem as partes, maior a possibilidade de empreender negócios.

Gerindo há algum tempo o seu negócio, que já saiu da fase inicial, e sendo capaz de identificar um cliente mau, bom ou indiferente, você já recalculou o gasto mínimo despendido com cada cliente para que a transação seja rentável?

Tenho de admitir que até então nunca tinha realizado uma revisão calculada em minha empresa. Agora é fácil perceber que, em determinadas situações, cobrava menos do que deveria, daí a necessidade de fixar um novo preço mínimo inicial.

Isso pode ser apenas uma forma simples de aplicar a regra 80:20, que consiste em: oitenta por cento do seu lucro vem de vinte por cento de seus clientes. A nossa abordagem tem de ser disciplinada. Existe a possibilidade de perder clientes menos rentáveis no caminho — embora você sempre possa abrir exceções, se estes forem importantes para você.

Pela minha experiência, obterá um rendimento e uma satisfação pessoal maiores, se souber que está sendo recompensado de forma adequada pelo trabalho que você e os seus colegas oferecem e que os seus clientes valorizam.

Segmentação de negócios

Nessa fase, também olhamos para a nossa carteira de clientes. Nos primeiros anos, aceitávamos qualquer tipo de negócio para aumentar a nossa caixa. Começamos no início de outubro, e em novembro tivemos a primeira entrada de dinheiro. Brincamos dizendo que, graças a isso, teríamos fartura no Natal com «manteiga em nosso *parsnip*» (um tipo de tubérculo de inverno) — se fosse no Brasil, teríamos dito que daria para comprar castanhas no Ano Novo. Como a maioria de nosso capital fora investido no novo negócio, essa entrada de dinheiro era praticamente tudo o que tínhamos.

Ao analisarmos a situação de cada cliente na data de vencimento dos negócios, descobrimos que cerca de trinta por cento da nossa carteira de clientes oferecia níveis de renda muito baixos, sendo que a maior parte do nosso faturamento vinha dos trinta por cento de clientes que estavam no topo. Esta situação era curiosamente próxima à arquetípica regra 80:20, mencionada anteriormente.

Em seguida, realizamos um processo de integração com os trinta por cento dos clientes que faziam parte da categoria «baixo lucro», oferecendo-lhes três serviços de diferentes níveis e preços, ou ainda, a opção de se desligarem de nossa empresa sem nenhum custo. Deixamos em aberto a possibilidade de voltarem para nós em algum momento futuro.

Os resultados do processo são descritos a seguir.

Desligamento elegante

Todos os clientes identificados no segmento de lucro baixo/nenhum lucro aproveitaram a oportunidade para se desligarem, por não pretenderem pagar pelos nossos serviços. Por que não? Será porque não valorizavam o nosso serviço? Possivelmente! Nós não estamos no mercado como uma instituição de caridade (apesar de esse tipo de organização estar adquirindo, corretamente, mais tino comercial), e se pretendemos aumentar a rentabilidade, temos de nos concentrar nos clientes que valorizam os serviços que oferecemos e estão satisfeitos com isso.

O processo de segmentação reduziu custos e o tempo desperdiçado com clientes não lucrativos, permitindo que ficássemos mais livres para pensar e nos concentrar no aprimoramento de nosso serviço aos clientes rentáveis que identificamos.

Sendo empresário ou diretor, influenciar o negócio é o seu papel. Quando, como eu, atingir um limite de produção, é hora de colocar a sua cabeça para pensar e identificar a forma de quebrar esse teto imaginário. A segmentação e a diferenciação de clientes são soluções eficazes, quando tratadas com cuidado e consideração.

O seu planejamento de negócios

🕐 O que a sua marca diz sobre você e a sua empresa?

_____

_____

_____

🕐 A sua marca continua sendo tão dinâmica quanto a empresa que ela representa?

_____

_____

_____

🕐 Você já segmentou o seu cliente ou a carteira de clientes para ver como são as suas vendas, o seu lucro e a sua renda?

_____

_____

_____

🕐 Quando foi a última vez que você dissecou os custos despendidos na realização de uma venda ou negócio?

_____

_____

_____

🕐 Em termos percentuais, qual é a sua margem de lucro? Qual é a sua margem-alvo?

_____

_____

_____

🕐 Esta margem poderia ser aumentada com uma redução de custos ou aumento de preços/número de unidades/vendas adicionais por consumidor?

_____

_____

_____

🕐 Quando foi a última vez que releu a literatura publicitária de sua empresa e a atualizou? Ela reflete a sua visão atual?

_____

_____

_____

🕐 Qual é o seu plano de *marketing* para os próximos cinco anos? Por quê?

_____

_____

_____

🕐 Qual é o seu plano empresarial de relações públicas para os próximos cinco anos? O que fez você concordar com este plano?

_____

_____

_____

🕐 Por que você acredita que cada um desses planos vai funcionar numa economia em crescimento?

_____

_____

_____

Manual Do Empresário:

Capítulo Sete
Contabilidade, dinheiro e fluxo de caixa

Sou um planejador financeiro, devidamente registrado e credenciado, conforme a categoria exige. No passado, esta pode não ter sido a mais dinâmica das especializações, mas tem se desenvolvido enormemente graças à execução de valiosos, e satisfatórios, planos financeiros a particulares, diretores e PME.

Tenho a experiência de uns bons 28 anos em serviços financeiros no Reino Unido, oito deles na minha própria PME. Não tenho formação em Contabilidade, mas também lido com dinheiro e números. Sendo empresário, estou perfeitamente ciente do fluxo de caixa.

No colégio estudei Contabilidade por pouco tempo, pois naquela época não era o meu forte. Claramente, o meu interesse estava em outro lugar. É evidente que eu conseguia lidar com as minhas contas pessoais — apenas —, mas não tinha capacidade de compreender um balanço detalhado.

Isso não significa que eu tenha, de alguma forma, me transformado num especialista. No entanto, é notável como as contas de uma empresa ficam mais interessantes quando é o seu próprio dinheiro que está em jogo! Ao longo dos anos, o meu entendimento cresceu e o *fluxo de caixa* continua sendo a minha maior fonte de aprendizado.

O fluxo de caixa

Nenhuma empresa, país ou economia pode funcionar sem um fluxo de caixa. Você já deve saber disso ao equilibrar o seu orçamento doméstico e, principalmente, o comercial. Sem dinheiro não se vai muito longe.

Vimos políticos norte-americanos apreensivos a respeito do *Fiscal Cliff* — plano em vigor desde 2012, em que os impostos foram aumentados e as despesas governamentais cortadas. Em linguagem simples, discutia-se se o país podia e deveria estender o seu limite de endividamento por mais alguns trilhões de dólares para pagar o seu déficit atual, reparos de infraestrutura e estilos de vida futuros. Não tenho certeza se tinham muitas opções, e certamente a redução nos gastos seria uma delas. O resultado foi uma combinação das duas soluções — pedir empréstimos para investir e reduzir os gastos.

Para alguns analistas, elevar os limites de endividamento é um mero «empurrar com a barriga» (protelar a solução do problema por alguns anos para que não tenha de ser abordado hoje). Um termo muito apropriado para esta posição. Não deixe que a sua empresa entre na mesma situação.

Margens

Muitos princípios econômicos se aplicam também a empresas, PME ou grandes organizações nacionais e multinacionais. Em princípio, e na minha opinião, há apenas duas medidas básicas que podem ser tomadas por um empresário para melhorar o lucro e o fluxo de caixa: aumentar as vendas ou reduzir os custos. Seria preferível recorrer a ambas.

A lacuna criada por estes parâmetros, o aumento das vendas *versus* a redução de custos, deve eventualmente levar ao lucro. No entanto, nesse meio tempo, você precisa de *capacidade financeira*. Na maioria dos casos, as vendas pressupõem um custo de aquisição. Se você não puder arcar com este custo, provavelmente não tem condição de aumentar as vendas. Você tem de comprar ou criar bens e serviços para ser capaz de vendê-los com lucro.

Quando começou o negócio, estou certo de que preparou um plano de negócios que mirava esses mesmos pontos. Quando foi a última vez que reviu estes pontos? Ou olhou para o seu plano de negócios, supondo que você tenha um?

Metas de vendas e de redução de custos

Anualmente, você define as metas de vendas/receitas ou produção para si mesmo. Isso é natural e é uma boa prática comercial. Essa definição pode fornecer um foco, tanto para você quanto para a sua equipe. A transmissão de informações à equipe deve sempre fluir sem problemas para deixar claro o quê você espera que seja feito, como e em quanto tempo.

Você pretende ser a *melhor* empresa ou a *mais rentável*? As respostas não coincidem necessariamente, embora seja mais provável que um produto de boa qualidade lhe traga mais lucro do que um produto barato ou mau.

Cada proposta pode atrair diversas classes de consumidores finais, e também custos e resultados de lucro diferentes. Tenho certeza de que você não precisa de muita orientação nem para definir uma meta de produção viável para o ano comercial, nem para calcular o potencial de lucro pelo qual vai batalhar para conseguir.

Metas de redução de custos

Da mesma forma, será que você definiu também uma meta de *redução* de custos ao planejar a produção?

Antes de agir, analise as despesas naturais de seu negócio. Você pode muito bem achar que houve algum acúmulo de custo em «excesso». Se o considerar ultrapassado e supérfluo, com um pouco de exercício poderá eliminá-lo. Tente!

Todo o tipo de empresas bem administradas o fazem, embora possam referir-se ao processo de formas diferentes. Para algumas, trata-se de uma *análise global das despesas* (em inglês, *comprehensive spending review* ou CSR), para outras, simplesmente uma *reunião de revisão do orçamento*; ambos os processos têm os mesmos princípios.

Para mim é ótimo se eu puder faturar R$ 35 000,00 em serviços, no período de uma semana. Esta quantia pode ser alta ou baixa em relação ao seu próprio modelo de negócio, por isso adapte este valor à sua própria situação. Por outro lado, se eu puder poupar R$ 35 000,00 em custos, em outra semana, também terei aumentado a minha margem de lucro. Vale a pena alcançar ambas as formas, pois com elas conseguirá uma maior capacidade de seguir em frente.

Solicitar empréstimos ou não, eis a questão

Novos projetos, linhas de produto e inovações pressupõem gastos alocados em desenvolvimento, e, ao iniciar uma atividade, você pode deparar com muito do seu dinheiro suado fluindo pela janela em conjunto com o retorno nominal dos ativos. O seu planejamento de negócios deve refletir isso.

Este investimento empresarial costuma ser calculado e previsto de forma que o seu custo/benefício valha a pena ao longo do tempo. É apenas uma questão de saber em quanto tempo e em que medida este projeto proporcionará retorno. Pode-se ler a equação assim: Custo/tempo em relação ao retorno de capital.

Para realizar o seu projeto, você pode usar os fundos de que dispõe ou solicitar um empréstimo, total ou parcial. Neste caso, o principal problema é que muitos dos credores nos quais as empresas confiaram no passado, principalmente os bancos, têm sido lentos em oferecer financiamento no momento certo.

Se necessitar de capital para desenvolver o seu negócio, vale a pena considerar empréstimos, embora para assegurar a viabilidade do plano, o potencial lucro deva compensar o custo de financiamento adicional.

Custo de oportunidade

Na minha visão pessoal, e isso não é um conselho, uma empresa deveria ser sempre devedora de um empréstimo.

Se esse capital não for imediatamente utilizado, ele pode ser depositado numa conta remunerada, compensando o custo de captação. Não é preciso ser um gênio para perceber que a diferença entre o que se ganha e o que se perde é um custo para a empresa; este é muitas vezes chamado *custo de oportunidade*.

Muitos bancos e demais instituições financeiras poderiam oferecer às empresas várias opções de investimento, como por exemplo as contas remuneradas, mas não são tão proativos nisso.

Se o financiamento obtido estiver aplicado, só libere o seu investimento quando precisar. Sim, você estará pagando juros nesse ínterim; no entanto, não terá de procurar o seu credor quando o projeto o exigir — o dinheiro já estará disponível.

Tendo em conta que, devido às recentes políticas de empréstimos, muitos bancos começam com uma negativa, para só depois iniciar uma negociação (acarretando sempre um crédito inferior ao solicitado), isso traz benefícios, embora menos do que os esperados no curto prazo (pois parte do seu lucro imediato será usado para pagar os juros). É conveniente que você busque orientação de um profissional antes de solicitar um empréstimo.

Novos credores vieram à tona nos últimos anos. Estes incluem empreendedores aventureiros e, em menor escala, investidores informais ou «investidores anjos». Cada um tem o seu lugar no mercado; no entanto, não são instituições de caridade e sempre visam o lucro. Não há nada de errado com isso, desde que você preste especial atenção aos termos do empréstimo que está sendo oferecido. Se parecer bom demais para ser verdade... desconfie.

Este texto não é um ataque aos bancos, um passatempo que se tornou popular nos últimos anos. Ele só retrata a realidade enfrentada pelos bancos em relação às questões que afetam os seus próprios fluxos de caixa e à adequação regulamentar dos seus fundos. Isso pode significar que o diretor de uma PME, como eu ou você, pode não dispor do capital necessário para começar um projeto, independentemente da qualidade da proposta.

Essas restrições financeiras em nada incentivam os empresários que planejam a produtividade para o futuro. Infelizmente, muitas empresas, para controlar custos, colocam projetos inovadores «na prateleira», negando assim a demanda por emprego, crescimento e lucro.

Cronograma do projeto

Quando fizer uma alteração no modelo de seu negócio, como uma expansão ou mudança no foco de vendas, certifique-se de que o seu fluxo de caixa seja suficiente para suportar esta mudança.

Quanto à minha experiência profissional, em 2007 mudamos o modelo de cobrança dos nossos serviços: de *comissão*, passou a ser baseado numa *taxa*. Ainda estremeço ao me lembrar de como esta decisão surgiu; todavia, no longo prazo e por inúmeras razões, esta prática tornou-se providencial e rentável.

Após a transição, nos primeiros seis meses, houve uma defasagem de renda, pois apesar de o trabalho em andamento ter aumentado durante esse período, o fluxo de caixa caiu. O efeito final resultou numa grande produção e lenta entrada de dinheiro. Como empresário, você deve saber o quanto uma situação dessas é dolorosa, mas é a pura realidade: esteja pronto para isso.

A minha mensagem é simples: você sabe quais os meses de pico de desempenho do seu ano comercial e em que época as contas bancárias da empresa estão mais robustas. Se pretende realizar uma mudança para melhorar o desempenho e a inovação (com um possível detrimento no fluxo de caixa no curto prazo), faça-o no momento em que tiver mais dinheiro, para ter fôlego suficiente até a situação se recuperar. Reveja as tabelas de produção de anos anteriores, pois vão lhe indicar o momento certo de fazer a mudança.

É tudo uma questão de tempo

É possível, num dado momento, que a sua empresa vá gozar de um grande sucesso decorrente da mudança dos tempos ou do mercado que favoreçam os seus produtos ou serviços, ou simplesmente dos bons ventos que sopram a seu favor. Aproveite se e quando isso acontecer.

Certamente tivemos essa experiência com a nossa própria linha de produtos *online* que, até a recente alteração da legislação, tivera pouca atividade e um custo maior do que o lucro. Até então, reavaliávamos constantemente se seria melhor esquecer essa oferta, pois talvez nunca fosse um produto lucrativo, ou insistir, pois a situação poderia eventualmente se reverter! Tenho prazer ao constatar que esta nossa linha de produtos na internet empregou o princípio de «economia de escopo», já referido neste livro em capítulos anteriores.

É importante ser realista e, até certo ponto, rude para evitar mais prejuízos e ser capaz de alijar um produto ou projeto quando esta é a única saída razoável. Como alternativa a esta solução, pode-se suspender qualquer desenvolvimento ou gerenciamento de tempo até que, no futuro, com a ocorrência de mudanças externas, possa valer a pena reintroduzir o produto ou serviço.

Ao examinar a viabilidade e rentabilidade do produto em questão, há a necessidade de fazê-lo *agora*? Ou será melhor, pelo menos por enquanto, canalizar a energia para outros projetos que precisam dela?

Não tenha medo em optar por quaisquer das ações acima mencionadas, se o *timing* estiver errado. Quando um projeto ou inovação for fundamentalmente viável, mais dia menos dia atingirá o seu nível de lucro. O tempo, às vezes, pode ser tudo.

«Suando os seus ativos» (tirando o máximo proveito deles...)

Em inglês, o termo *to sweat assets*, literalmente transpirar os ativos, tornou-se comum. Há aproximadamente um ano, ouvi-o pela primeira vez — provavelmente por não ter precisado recorrer, até então, a essa estratégia, que consiste em maximizar a utilização dos ativos permanentes da empresa. Esta maximização para reduzir custos tem sido utilizada com sucesso por muitas empresas; inclusive pela minha.

À medida que a nossa empresa amadurecia, aumentavam tanto a utilização de nossos ativos — o que englobava o espaço físico de escritório e os membros da equipe — quanto o fluxo comercial. Às vezes, a necessidade de expandir existe, mas a intenção de aumentar a despesa é limitada pela volatilidade das condições comerciais e pela disponibilidade tanto financeira quanto do fluxo de caixa (como vimos anteriormente).

Talvez você não pretenda assumir o compromisso de aumentar o espaço do escritório, mesmo se for num contrato de locação de curto prazo, contando com uma potencial recuperação que pode se transformar num inesperado fiasco.

Ao analisar os ativos e reutilizá-los para atender à demanda, muitas empresas vem alcançando resultados rentáveis nos últimos tempos. Maximizar e utilizar ativos de forma mais sensata, sem aumentar os custos, pode ser muito eficiente. Há um limite, porém, quanto à frequência com que pode fazer isso antes de o ativo falhar.

Esprema bem

A *maximização de ativos* foi sendo implementada e desenvolvida por algumas companhias que, no passado, desfrutaram de amplos espaços comerciais, mas viram o tamanho de suas instalações diminuir, sublocando parte delas a outras empresas com a finalidade de reduzir os custos fixos, como o aluguel e as taxas empresariais. Aquelas que foram bem-sucedidas conseguiram compartilhar com outras os seus custos fixos, tais como os de administração, restauração e energia, aumentando desta forma o lucro de todas as organizações envolvidas.

Estes são apenas exemplos. Muitas partes de um negócio, desde o *marketing* até os seus artigos de escritório, podem ser maximizadas se forem analisadas com cuidado.

Vimos também grandes empresas e organizações que se *fundem* com outras menores para dividir custos gerais, trabalhistas e carteira de clientes. Também é rentável... contanto que funcione.

Como pode imaginar, sair de tal *fusão* pode custar caro se der errado.

Isso levanta a questão: qual o significado real de uma *fusão*?

A verdadeira fusão não existe

Um acordo financeiro que consiste na união entre duas partes pode estar disfarçado com o nome que você quiser: fusão, venda ou aquisição. Esta é a função do pessoal de relações públicas e *marketing*. Eles vão fazer de tudo para evidenciar os pontos positivos de qualquer mudança — e o mundo não giraria sem um pouco de... bem... sem um empurrãozinho.

Há muitos exemplos de marcas nacionais que se *fundem* com outras, formando um nome comercial duplo; poucos anos depois, porém, o nome que representa a empresa menor é descartado. Esta foi uma fusão, afinal? Você decide.

Na realidade, há geralmente uma parte que ganha e outra que cede. Isso não representa problema algum, contanto que seja cuidadosamente administrado e que egos feridos não resolvam fugir com qualquer das partes envolvidas.

É prudente ficar atento às situações em que, de uma hora para outra, você se transforma de tomador a executor de decisões. Essa mudança pode ser vantajosa do ponto de vista financeiro, mas pode não ser tão favorável assim na sua rotina, ambiente de trabalho e desenvolvimento profissional.

Em alguns casos, o preço de venda acordado depende da rentabilidade futura. Esteja preparado para ver essa mudança, tornando o resultado o mais positivo e rentável possível. Este resultado pode estar sujeito à reação de seus clientes e respectiva interação com a sua empresa.

Você tem uma escolha... assim como todo o mundo

Quando foi a última vez que você trocou de fornecedor, fosse ele grande ou pequeno?

Duas razões poderiam ter ocasionado essa troca. A principal seria para melhorar determinados fatores, tais como custos, qualidade, estilo, conteúdo, velocidade de entrega, contato ou profissionalismo. Algo teria passado dos limites que o provocou de tal forma que o fizesse dizer: «Isto tem de mudar». Decepcionar um fornecedor existente pode tê-lo tirado de sua zona de conforto, mas uma vez que a gota d'água fez transbordar o copo, há poucas coisas que o possam dissuadir a desistir da mudança.

A segunda razão é porque você tem a escolha de negociar os seus contratos comerciais. Depende de você exercer essa escolha.

Pense sobre isso numa nova perspectiva. Os compradores de seus serviços podem fazer o mesmo. Os seus concorrentes estão propensos a querer tirar-lhe os seus «centros de lucro», seduzindo-os com ofertas especiais e promessas de um serviço aperfeiçoado. Ideias como, por exemplo, o envio de boletins periódicos com lembretes das coisas boas que você faz podem parar o potencial desse tipo de interferência. Você não vai ter dificuldade em escrever uma página sobre o seu negócio, que, afinal, deve ser a sua paixão.

Se um indivíduo ou uma empresa se afastou de seu serviço ou produto, e você tivesse a oportunidade de perguntar a razão, você o faria? Qual foi a gota d'água que o fez se afastar?

> *«Não é o empregador quem paga os salários.*
> *Os empregadores só controlam o dinheiro.*
> *É o cliente quem paga o salário.»*
> Henry Ford

Resultado insatisfatório

Disponha de um tempo para pensar sobre a última empresa com a qual você, como cliente, negociou e que o tenha decepcionado. Você vai lembrar do motivo no final de sua reflexão. Já pensou em analisar o seu próprio negócio e respectivo produto ou serviço? Você se sentiria satisfeito com o resultado das interações de sua própria empresa?

Não estou sugerindo que você contrate uma empresa de pesquisa de mercado, tipo «cliente mistério», apesar de muitos empresários e grandes empresas utilizarem esse serviço. No entanto, convém encontrar as falhas em sua oferta... antes que o seu cliente o faça.

Pesquisa?

Quando foi a última vez que você realizou uma pesquisa aos seus clientes ou lhes ofereceu uma oportunidade de darem um *feedback* sobre os seus produtos? Isso, é claro, pode implicar em algum risco (especialmente se o seu negócio tiver regulamentos governamentais muito rígidos), mas terá o benefício de lhe dizer algumas verdades que talvez não queira ouvir. Sim, eu usei aqui a palavra «benefício» corretamente.
Se você tem por hábito vender um produto tangível projetado para atender a necessidade de clientes identificados, saiba que as necessidades dos consumidores finais evoluem e se transformam. Esqueça-se disso e eles irão a outro lugar para atenderem às novas necessidades.

Se se sentir magoado ou incomodado pelo *feedback*, é provavelmente um bom sinal e uma oportunidade real para melhorar a sua oferta. No curto prazo, os seus custos podem aumentar durante o processo, mas o lucro obtido em trabalhar com os seus consumidores finais, demonstrando que você valoriza a sua opinião, será provavelmente proveitoso.

Pedir opinião sempre abre um espaço para críticas, e você deve estar preparado para isso. Afinal, você está, de certa forma, pedindo ao consumidor final que detalhe as suas deficiências. *Fazer algo que o assuste todos os dias* pode muito bem colocá-lo fora de sua zona de conforto — e isso é bom. Pisar fora desta zona com certa regularidade pode acarretar duas situações: você vai aprender com os *feedbacks* sinceros e alargar o âmbito da sua zona de conforto. Ambos são resultados positivos.

> *«Os seus clientes menos satisfeitos são a sua maior fonte de aprendizado.»*
> Bill Gates

O seu planejamento de negócios

🕐 Você conversa com os seus consultores profissionais regularmente para ter certeza de estar tirando deles e de seus próprios ativos comerciais o maior proveito possível?

_____

_____

🕐 Quando foi essa última conversa? O que ficou decidido?

_____

_____

🕐 Você analisa o seu fluxo de caixa para notar os picos de rendimento e os pontos de aperto? Como você os registra?

_____

_____

🕐 Será que os ativos físicos de sua empresa poderiam ser mais bem trabalhados — ou de forma diferente — para aumentar a receita e o lucro? Estas mudanças poderiam reduzir os custos?

_____

_____

🕐 Para quando você está planejando o início de seu próximo projeto? Isso coincide com os meses em que o pico de seu fluxo de caixa ocorre?

_____

_____

🕐 Os ativos de sua empresa poderiam ser vendidos ou alterados para que as técnicas de produção evoluam e melhorem?

_____

_____

_____

🕐 Se fosse prudente e estivesse disponível, valeria a pena pedir um empréstimo bancário agora, visando aumentar a produção para suprir novos mercados no futuro?

_____

_____

_____

🕐 O dinheiro não-estratégico acumulado pelo seu negócio poderia render mais enquanto você decide o que fazer?

_____

_____

_____

🕐 Algum de seus ativos comerciais poderia ser maximizado ou usado de forma diferente para gerar mais lucro?

_____

_____

_____

🕐 Você costuma pedir a opinião de seus compradores/ clientes? Como? Esta é a maneira mais eficaz de obter o _feedback_ real que você precisa para melhorar e crescer?

_____

_____

_____

🕐 Este é o momento para fazer isso? A opinião deles é o seu lucro.

_____

_____

_____

Capítulo Oito
Qual é o seu preço?

Imagine se, atendendo ao seu convite, eu visitasse o seu negócio hoje e após uma conversa cortês e franca lhe propusesse, a um preço razoável, comprar a sua empresa a título definitivo: você teria de deixar a sua mesa de trabalho esta noite, para nunca mais voltar.

Quanto você gostaria de receber? Imagine que tenho em minhas mãos um cheque pronto, devidamente datado e separado do talão: só falta preencher o beneficiário e o valor. Qual é o seu preço?

Você é uma pessoa resoluta, por isso é líder de um negócio; tomar essa decisão não deveria ser um problema. Ou deveria?

Você está hesitante? Se for o caso, reflita sobre esta situação, porque espero que o seu dia chegue. Talvez não se sinta pronto para vender o fruto de seu trabalho... ainda. Mas quando estará?

Em primeiro lugar, você se lembra por que começou o seu negócio? Não foi para o construir, obter lucro e rendimento e, finalmente, vendê-lo? Ou foi para ter liberdade de trabalhar da maneira que quisesse? Foi por causa do rendimento? Ou talvez uma mistura de todos esses motivos?

Espero que este objetivo tenha sido alcançado, mas agora pode ter chegado a hora de vender o seu negócio.

Garanta o seu capital

A realidade de qualquer venda comercial futura é que o valor total do pagamento pode *não* ser oferecido no ato da proposta; é mais provável que haja uma cláusula *earn-out* — em que o vendedor vai receber no futuro uma compensação baseada na consecução de determinadas metas financeiras. Esta pode ocorrer num período variável — de três anos, por exemplo —, e é interessante que seja prevista nos seus planos de saída.

Tendo em mente que a vida nunca é tão perfeita a ponto de um comprador interessar-se pelo seu negócio no momento que você espera, pode levar algum tempo até encontrar um parceiro adequado. Se isso levar dois anos, com um período de *earn-out* de três, o processo completo de venda durará cinco anos. Esteja preparado para isso; os pagamentos referentes ao seu capital podem depender de desempenhos e rentabilidade que acontecerão no futuro, e você precisará de energia para tirar proveito da oportunidade dessa proposta e venda.

Claro, tudo isso não significa que você não possa ser um dos sortudos que encontra um grande comprador e consegue uma venda que seja concluída rapidamente. Se for o caso, desfrute.

Pense também sobre a integridade de qualquer comprador e de sua proposta. Você precisará ter certeza de que o seu sucessor terá rentabilidade ao longo do período de *earn-out* para lhe pagar o capital de venda acordado. Além disso, você compraria o produto/serviço dele? Se a resposta for negativa, o mesmo se daria com os seus clientes. Assim, você poderá ter de travar uma dura batalha para conquistar clientes para o novo proprietário. A empresa pode ter o seu próprio nome no umbral da porta; como vivi na própria pele, isso nem sempre é bom: a ligação que você tem com a empresa se torna demasiado pessoal. No começo, ver o seu nome ostentado por um luminoso, na imprensa ou até na pintura de uma van pode ter massageado o seu ego. A maioria adora isso.

Na realidade do mundo dos negócios esta, geralmente, não é a situação ideal. Pode muito bem ser uma ideia razoável para começar a empresa — afinal, as pessoas compram de pessoas, especialmente de PME e pequenas sociedades.

Porém, na venda futura de uma empresa comercial ou de serviços profissionais, o que o comprador está adquirindo? Você... ou o negócio? A ideia de ficar casado com o seu negócio para o resto de sua vida é atraente, mas o tempo, os seus sócios ou a sua companheira(o) podem ter outros planos.

O timing é importante

Se tivesse escolha (e você costuma ter!), em qual ciclo econômico você preferiria vender a sua empresa: no de recessão ou no de pico? Quando a economia estiver bombando e existir muito dinheiro na praça, você provavelmente venderá a sua empresa pelo preço que quiser. É como vender um carro conversível: seria melhor se fosse posto à venda na primavera, quando a temperatura está subindo e se possa apreciar a experiência do «vento em seu cabelo». Você não venderia um carro aberto no solstício do inverno, a menos que fosse forçado a isso.

Da mesma forma, você pode planejar a hora certa de vender o seu negócio. Voltando aos ciclos de uma economia, é provável que nos próximos anos saiamos gradualmente da recessão, que comecemos a crescer e que, nos próximos cinco anos, alcancemos um *plateau* antes de chegarmos a uma fase de declínio, no início e meados da década de 2020. Resta-nos dez a doze anos de alta — para crescer — e bombar novamente.

Você pode calcular a melhor época para o seu próprio processo de saída. Este *timing* não é, obviamente, uma previsão certeira, e você pode questionar livremente essa evolução econômica que estou sugerindo. É claro que haverá uma futura turbulência fiscal durante esse período, mas acho que as tendências não estarão muito distantes do processo e dos eventuais resultados que acabei de descrever.

Esperemos que, com um saldo bancário robusto, uma vez negociada e implementada a sua saída de forma eficaz, o que você fará com a nova liberdade?

Uma boa maneira de responder a essa pergunta é fazendo outra pergunta: com a experiência adquirida ao liderar uma empresa, ficou difícil para você ser *reinserido* no mercado de trabalho? Você conseguiria voltar a fazer parte da folha de pagamento de um empregador, recebendo um salário regular? Ainda mais importante, você conseguiria voltar a receber ordens daqueles que tomam as decisões de negócio — aquelas que, no passado, você costumava tomar diariamente — e, eventualmente, ser conduzido para uma direção que pode não convir nem a você nem ao seu antigo negócio, que ainda está numa situação de *earn-out*?

Cuidado com o que deseja, pois talvez o consiga é um ditado que me vem à mente aqui. Mesmo com dinheiro no banco, esteja preparado para a mudança e respectivos efeitos na sua rotina diária.

Não supervalorize o seu negócio

Você desenvolveu o seu negócio, e tenho certeza de que foi bem-sucedido. Esse crescimento pode continuar por muito tempo. A venda de um negócio é muito parecida com a de uma casa, cujo *valor* também é subjetivo e elástico.

Muitas pessoas, durante os anos ativos, ficam tão focadas nos negócios da empresa que nem reparam na valorização do seu capital e, ao se aposentarem, se surpreendem com o que foi acumulado. Na verdade, a prioridade delas nunca foi o dinheiro, mas sim o melhor desempenho possível no ofício ou na profissão. Como consequência, essas pessoas criam uma riqueza significativa.

Invariavelmente, sempre imaginamos que a nossa empresa tenha um valor mais alto do que o mercado oferece. Sem dúvida, você terá o seu *posicionamento por atributo único* (ou USP, *Unique Selling Proposition*), que permitiu o sucesso de sua empresa.

O que significa esse *posicionamento* para o seu negócio? Ele vale o preço que você está pedindo? Imagine se fosse o comprador: *você* pagaria? Se fosse você a negociar a empresa e o respectivo USP, pagaria esse preço mesmo sabendo que você não estaria mais à frente do negócio?

A questão é simples: «Você pagaria o mesmo valor pelo negócio, estando ou não o seu atual proprietário na liderança?»

Se a resposta for não, qual é o real objeto da venda? Se deduzir que a resposta é *a experiência do proprietário* — que está se aposentando (ou pelo menos, planejando diminuir o ritmo e relaxar) —, a empresa terá uma vida útil limitada.

«*Muitas pessoas supervalorizam aquilo que não são e subestimam o que são.*»
Malcolm Forbes, Editor

Quais são os seus planos para todo o tempo disponível que terá em suas mãos?

A temida palavra — aposentadoria — pode aparecer no horizonte em algum momento. É uma ideia assustadora para muitos, pois significa a libertação de sua mesa de trabalho, que lhe serviu de esconderijo e escudo durante anos.

Você está livre dos campos de batalha profissionais: é hora de se dedicar ao lar e aos seus entes queridos. Fique alerta: no Reino Unido, esta faixa etária sofreu o maior aumento nas taxas de divórcio do que qualquer outra nos últimos anos (Fonte: Instituto Nacional de Estatística do Reino Unido, 2011).

Talvez motivos emocionais o façam querer continuar em sua mesa. É possível que sinta prazer em interagir com os clientes leais com os quais trabalhou durante anos, e o relacionamento profissional que os unia a você tenha se transformado numa sólida amizade. É provável que não os queira abandonar à mercê do desconhecido, ou seja, do novo proprietário da empresa. Certamente, tenho a maior consideração por esse último argumento, pois alguns dos meus melhores clientes realmente contam com o serviço que eu e a minha empresa oferecemos.

George, um cliente meu, estava a caminho da aposentadoria. Quando lhe faltavam três anos para se retirar da vida profissional, perguntei-lhe quais eram os seus planos para quando deixasse o emprego. Seguiu-se um silêncio, depois um soluço sufocado, e minutos depois, após conseguir se controlar, relatou que o vazio que sentiria nunca poderia ser preenchido. O seu trabalho tinha se tornado a sua vida e, como alguns poderiam argumentar, a sua vida tinha se tornado o seu trabalho. Não permita que isso lhe aconteça.

O dia virá em que essa libertação chegará a você. Este poderá ser um momento emocionante para você e a sua família, e talvez deseje considerar um período de transição. É importante certificar-se de que não haverá uma reviravolta em grande escala, para garantir que possa realmente usufruir dos frutos decorrentes de sua determinação e de seu trabalho duro.

Mentiras, mentiras deslavadas e estatísticas

Definição de estatística de Evan Esar:
«Estatística é a ciência de produzir fatos imaginários a partir de dados reais.»

Foi ótimo ter iniciado o seu negócio tanto tempo atrás. Quanto a mim, esse foi o maior desafio e, em retrospectiva, o mais importante realizado na minha vida. Você se lembra de quando voltou para casa após o primeiro dia de atividade e contou as aventuras pelas quais passou na jornada de trabalho?

Na minha primeira aula de negócios da vida real aprendi que: pensar que você é bom em alguma coisa, começar um novo negócio com base nesta premissa e, em seguida, fazer com que pessoas lhe paguem bem pelo seu produto ou serviço, tornando-o rentável são três conquistas únicas e diferentes. Estas conquistas se processam separadamente, e cada processo tem de ser concluído com sucesso para dar lugar ao seguinte. Quando iniciei o meu primeiro negócio, em 2004, havia um consenso, quase como um princípio profissional, de que era preciso elaborar um plano de negócios para os primeiros 36 meses: se sobrevivesse a esse período, estaria praticamente a salvo.

O mais astuto dos leitores destas páginas não vai demorar muito tempo para perceber em que época começamos a empresa. Exatamente três anos após começarmos a atividade, a recessão irrompeu como numa vingança. Eu não sei o porquê, mas acho que por ingenuidade pensava que depois de três anos o meu negócio estaria fora de sua infância, já com algum nível de maturidade: a vida seria bem mais fácil, pois os ensaios e contratempos de instalação já estariam resolvidos e tudo estaria funcionando a todo o vapor. O tempo demonstrou que esta era uma visão distorcida da realidade.

Sejamos claros: eu gosto e sempre gostei de trabalhar. Curiosamente, a maioria das pessoas muito bem-sucedidas que conheci também. Elas continuam a prosperar apesar dos desafios que o comércio traz e, claro, apreciam as recompensas que este lhes oferece. Existe uma ligação entre o trabalho duro e o sucesso? Certamente que não!

Lembro-me de que, ao ter completado três anos de atividade, o meu contador me disse que, de fato, o período crítico são os primeiros 24 meses. Como exemplo de quão rápido o entendimento sobre os negócios muda, as últimas estatísticas sugerem que a maioria das novas empresas vai à falência *no primeiro ano*. Devo admitir ter descoberto isso muito mais tarde.

Períodos de teste

Em meu desenvolvimento pessoal, 2004 foi uma enorme curva de aprendizado empresarial. Planejar a nova estrutura consumia todos os meus momentos livres: eu tinha de ter certeza de estar fazendo tudo certo.

Para me sentir seguro quanto ao plano projetado para os meus negócios, quis pô-lo à prova. Abri uma conta bancária durante os preparativos de abertura da empresa e imediatamente pedi ao banco que me concedesse um cheque especial. Eu não precisava de um, mas queria testar se o banco poderia conceder um empréstimo à minha nova empresa com base no plano de negócios e na confiança que este inspirava. O pedido não era comum no início de um novo negócio (especialmente quando você já sabe que a maioria fracassa nos primeiros doze meses).

O cheque especial foi concedido e, claro, o meu planejamento aprovado. Senti-me incentivado por este resultado, o que me conferiu uma confiança adicional de que o plano e os objetivos de minha nova empresa realmente poderiam funcionar.

Tenho de acrescentar uma ressalva ao último parágrafo: isso aconteceu em meados de 2004, muito antes do colapso bancário global que temos assistido desde então. Sabemos agora que para obter dinheiro dos bancos a um custo baixo é necessário passar por um processo no mínimo «interessante», e tenho certeza de que hoje uma aplicação frívola como a de uma empresa prestes a começar a atividade nunca teria sido aprovada.

Alterar a dinâmica

Uma empresa é um animal dinâmico, sempre a mudar de direção, aparência e objetivos; o seu negócio deve refletir e liderar essas transformações, se quiser ter êxito. O trabalho duro vai conduzi-lo através do longo caminho para o sucesso — mas se acrescentar perseverança, determinação e inovação, todo o percurso será mais suave e rápido.

A história demonstra, e vai continuar a demonstrar, que a mudança e a inovação podem se mover rapidamente. Há muitos exemplos que provam esse dinamismo, tanto em termos de produtos quanto no tipo e na forma como são aplicados pelas corporações.

Há cem anos deu-se um caso que exemplifica na perfeição como um processo pode mudar completamente. No início dos anos 1900, os principais meios de transporte, em suas várias formas, eram puxados por cavalos.

Havia uma nova «moda»: a de viajar num veículo a motor, um automóvel, ou *carro,* como costumamos dizer. Apenas quinze anos mais tarde, os carros estavam por toda a parte e o transporte movido a cavalo havia passado à história. Atualmente, a cada ano, cerca de sessenta milhões de carros são fabricados em todo o mundo, e as suas técnicas de produção são vistas, admiradas e copiadas por muitas indústrias não relacionadas com o setor.

O sistema de produção *just in time* (JIT) é um bom exemplo de desenvolvimento que continua a oferecer aos produtores níveis significativos por unidade, mantendo os custos de produção e de trabalho a um mínimo e melhorando a rentabilidade dos investimentos.

Um exemplo mais moderno de mudança pode ser quanto ao formato em que este livro pode ser lido. Os leitores têm a opção de adquirir o livro físico ou a versão eletrônica *e-reader*. Para um interlúdio divertido, assista ao filme de Geoff Deane e Tim Firth (2005), *Kinky Boots* — ou ao premiado musical da Broadway —, baseado numa história verídica que aconteceu na cidade inglesa de Northampton, que demonstra como o desenvolvimento de um produto inovador pode transformar uma empresa e o destino de seus proprietários.

Tendo em vista esses desenvolvimentos, podemos também refletir sobre as maneiras nas quais esses produtos foram aplicados. Usando o exemplo utilizado no início desta seção, podemos facilmente citar Henry Ford e os seus métodos de produção em massa, cujo sucesso foi tão grande que transformou a mentalidade e o modelo de produção de automóveis... e também o modelo da maioria das indústrias de grande porte. Ao fazer isso, será que ele também inventou o consumismo? Certamente, ao pagar salários mais altos, permitiu que a sua equipe tivesse recursos para comprar os produtos que estavam fabricando. Ele não foi o único responsável — mas, claramente, aproveitou-se dos benefícios de ter identificado essa mudança e de estar na vanguarda dos acontecimentos.

Essas mudanças não só foram rápidas, em termos de negócios, como também revolucionárias. Muitos nomes hoje famosos aderiram a elas, obtendo variados graus de sucesso; já os que se atrasaram a adotá-las fracassaram.

Da mesma forma, as modas e as tendências no mundo dos negócios, tanto local como globalmente, sofrem transformações com celeridade. Estar em contato com a evolução do mercado é vital para participar — e estar à frente

— na curva de mudança. Sendo uma PME, você não seria capaz de influenciar um mercado através do desenvolvimento de um produto inovador, como (só como exemplo!) produzindo um dispositivo de *e-reader*. No entanto, você poderia escrever um livro *best-seller* para fornecer o conteúdo a quem o fizesse!

É sensato aplicar de forma inteligente os recursos empresariais no processo de mudança e aproveitar as oportunidades que esta oferece à sua empresa.

A mudança ainda precisa acontecer com maturidade

Tendo conseguido sobreviver aos primeiros anos de empresa e adquirido certa maturidade após o crescimento, o que pretende alcançar *agora*? O que vai mudar? Você já pensou nas oportunidades que tem pela frente e fez algum planejamento em relação a elas?

Você pode ser uma empresa pequena e dinâmica até então, com níveis de energia ainda elevados, mas a realidade comercial já começou e as decisões comerciais do dia-a-dia vêm facilmente, sem lhe queimar muito os neurônios. Isso tem as suas vantagens, pois evita surpresas; mas será que você ainda tem de tomar algumas grandes decisões direcionais para definir o curso de seu futuro? Você já planejou essas mudanças? É improvável que a passividade possa gerar dividendos.

As decisões, objetivos e planejamento definidos agora, e nos próximos doze meses, possivelmente determinarão o seu sucesso nos próximos anos.

O seu planejamento de negócios

⏱ Por quanto venderia a sua empresa hoje?

⏱ Como calculou este valor? Por quê?

⏱ Se estivesse preenchendo um cheque, você pagaria essa quantia a alguém para comprar o seu negócio/empresa? Por quê?

⏱ Como gostaria de estruturar a sua saída? Em quanto tempo?

⏱ O que você poderia mudar agora para valorizar a venda no futuro?

🕐 O que pretende alcançar, uma vez que a venda seja concluída?

_____

_____

_____

🕐 O que seria necessário para que você desistisse de vender a sua empresa? Por quê?

_____

_____

_____

🕐 Com a recessão chegando ao fim e uma previsão de crescimento à vista, em qual data, no futuro, a sua empresa atingirá o máximo valor em potencial?

_____

_____

_____

🕐 Como você vai começar o processo de venda?

_____

_____

_____

🕐 Uma mudança de produção/método de venda de seu produto poderia aumentar o valor do seu negócio?

_____

_____

_____

Capítulo Nove
Se estivesse começando de novo, o meu ponto de partida seria diferente

O título deste capítulo é uma frase que venho repetindo com frequência nestes últimos anos de recessão. Quando a uso, refiro-me tanto à limitação das minhas habilidades como diretor de uma PME, quanto à frustração de não ser mais ousado para desenvolver a minha empresa... ou, por vezes, uma combinação de ambas! Sei que outros empresários também gostariam de ser mais arrojados quanto ao crescimento.

Esta afirmação também pode ser aplicada ao clima econômico que tem afetado a todos nós, ao longo dos últimos anos, até chegarmos ao fim da recessão e entrarmos num período de crescimento sustentado.

Como diretor ou proprietário de empresa, se você pudesse escolher a fase mais apropriada do ciclo econômico para administrar um negócio, seria a de recessão ou a de crescimento? Com uma perspectiva positiva, parece que *este* é o momento oportuno. Claro, se o seu negócio estiver insolvente, talvez prefira uma economia em recessão.

Na verdade, a maioria dos diretores e donos de empresas prefere, como pano de fundo, um período de crescimento, que lhe ofereça segurança para crescer e prosperar.

Já exploramos muitas ideias, objetivos e planos a considerar e, espero, a implementar. Neste penúltimo capítulo, vou acrescentar algumas reflexões e iniciativas que poderá incluir no seu próprio planejamento para lhe dar uma *vantagem* extra — o que eu também almejo para as minhas próprias empresas.

Comece tendo o fim em mente

Começar um pequeno negócio deve ser emocionante! À medida que este cresce, a emoção deve continuar. Para mim foi frustrante descobrir, após oito anos de atividade, que alcancei exatamente o que planejara (uma empresa de pequeno porte), mas perceber que não era exatamente o que desejara (que seria uma empresa de médio porte). Pelo menos atingi a minha meta. Se eu soubesse antes o que sei agora e as lições contidas nestas páginas, quem sabe o que poderia ter acontecido?

O caminho definido no passado, se bem dirigido, vai conduzi-lo ao lugar aonde gostaria de chegar. Nunca se esqueça: *Cuidado com o que deseja!* Seja lá o que fizer, certifique-se de que o alvo definido naquela época continue sendo o que almeja agora. Caso contrário, troque imediatamente de direção, mas com muito planejamento.

Se o seu objetivo for uma empresa de médio porte, logo no início defina os seus planos nesse sentido e os mantenha monitorados. Já disse anteriormente que o pequeno é *bonito*. Assegure-se de que o «pequeno» que você deseja seja igual ao «pequeno» que conseguir. Você pode imaginar que considero este assunto muito simples... agora!

Evolução da comunicação

As mudanças, tanto na nossa vida pessoal quanto na profissional, acontecem o tempo todo: devemos incentivá-las e aderir a elas. Estas são inevitáveis, independentemente de nossa vontade; é apenas uma questão de escolher como administrá-las.

Além disso, não as devemos temer. Você saberá disso no papel de líder empresarial. A nossa forma de relacionamento e comunicação comercial com outras empresas e indivíduos também vem sofrendo transformações nos últimos anos.

Você é responsável pela transmissão de sua mensagem e proposta de negócio, bem como por quaisquer mudanças que ocorram com este. Gostaria de confirmar um ponto aprendido logo nas primeiras semanas de atividade empresarial: ninguém vai transmitir a sua mensagem comercial melhor do que você e a sua equipe (a menos que tenha contratado um consultor), e os resultados reais só podem ser alcançados pelo esforço e pela energia gerados por vocês mesmos.

Lembre-se desta lição ao planejar a sua comunicação empresarial.

> *«Muitas coisas pequenas foram transformadas em grandes pela publicidade correta.»*
> Mark Twain

Sair às ruas

É ótimo buscar o «novo mundo» do *marketing* (como vou confirmar neste capítulo); no entanto, você pode perder de vista as oportunidades do «velho mundo», que permanecem válidas e eficazes para se obter uma comunicação rentável.

Compareci a um evento de entrega de prêmios em Londres, onde algumas pessoas me foram apresentadas. Foram educadas, mas frias, pois não me conheciam. Quando, porém, foi mencionado que eu era o @onlinefinancial (o meu nome no *twitter*), sorriram; afinal, ao longo dos anos, já havíamos trocado muitas mensagens compostas por menos de 140 caracteres. Foi ótimo *sair às ruas* e colocar um rosto de verdade nas pessoas virtuais que se misturam no meio da multidão. Tratou-se de uma experiência agradável, mas muito estranha, quase fora da normalidade do mundo real.

Não deixe que as redes sociais virtuais das quais você participa e respectivas mensagens de *marketing* se apoderem da abordagem da velha escola. *Todas as formas de comunicação* devem trabalhar em conjunto: assim, você e a sua equipe devem considerar tanto o trabalho empresarial propriamente dito quanto a participação em eventos como atividades regulares do negócio. Posto isso, você pode interagir virtualmente com os seus colegas, contatos e até mesmo com a sua concorrência, para gerar boa vontade, assegurar os negócios existentes e conquistar novos interessados. Como sugeri, as pessoas vão sempre *comprar* as pessoas em primeiro lugar.

Esta abordagem, que engloba a presença real e virtual, necessitará de planejamento e coordenação de equipe para garantir que a energia despendida seja devidamente recompensada.

O novo mundo do marketing

Quantos livros, blogues e guias especializados sobre como navegar no universo que é a *mídia social* e outras formas de comunicação e *networking* você consegue ler? Cada *site*, evento ou seminário de *networking* tem os seus próprios méritos para o seu negócio, variando em qualidade entre si. Alguns empresários têm confiança neles... outros rogam pragas contra eles!

Enquanto os seus negócios estiverem em andamento, você vai ter de se decidir sobre como vai se envolver exatamente, quanto pretende investir em termos de tempo e de dinheiro e como vai gerenciar e medir os resultados. Estes resultados devem ser revistos regularmente para garantir que um valor concreto esteja sendo ganho agora, ou que o será no futuro (como parte de uma estratégia).

Na minha experiência pessoal, cada área pode ter um valor maior ou menor. Há também um argumento muito justo que sugere que você só retira aquilo que coloca. Não participar das redes sociais e esperar conseguir referências comerciais, pedidos e novos negócios simplesmente não vai funcionar. Eu também gostaria de sugerir que, se a interação nas redes sociais for usada de forma sensata e inteligente, ela pode ser uma grande oportunidade para aumentar a visibilidade de um indivíduo, de uma empresa ou de seu produto/serviço.

Reflita a respeito dos pensamentos detalhados abaixo e planeje a comunicação de sua empresa de acordo com isso.

> *«A rede social é essencial para se construir riquezas.»*
> Armstrong Williams

As Redes de Contato — Networking

Eu me lembro que, quando comecei a minha empresa, participava ativamente das redes sociais e ia a todos os eventos que fisicamente conseguia, fossem eles no café da manhã, almoço ou jantar. Possivelmente, a minha inexperiência em obter alguma vantagem nesses eventos era evidente. Se fosse convidado, teria ido até a uma abertura de envelope. Os tempos, assim como o meu entendimento sobre como me beneficiar comercialmente desses acontecimentos sociais, mudaram.

Após uma queda temporária de popularidade, talvez em virtude do crescimento das redes sociais, parece que os contatos presenciais reassumiram, nos últimos tempos, a sua importância para as PME. É vital ter uma estratégia empresarial de *marketing* ousada e inteligente para que você e a sua equipe tirem o máximo proveito do tempo investido nesses eventos.

Quando as redes de relacionamento realmente se popularizaram, acho que muitos empresários entraram na onda, obtendo resultados pouco relevantes em muitos casos. Com o tempo, esse tipo de abordagem de *marketing* pessoal foi enfraquecendo, e muitos utilizadores começaram a criticar as vantagens obtidas. Agora, as fortunas que gera estão a subir mais uma vez, mas a ênfase está na *qualidade* da utilização da rede, não na *quantidade*. Isso só pode ser positivo e está permitindo que os utilizadores planejem o que pretendem ganhar com a sua participação, quem gostariam de conhecer e, o mais importante, qual a mensagem que querem transmitir.

Muitos empreendedores me disseram que conseguem mais negócios ao fornecerem informações. Você tem de estar preparado (dentro do razoável) para realizar negócios e compartilhar ideias, inovações e planos livremente. Estas informações podem propiciar a criação de parcerias, afiliações bem-sucedidas e o aumento do fluxo de negócios.

Não adquira uma reputação de ser um «arroz de festa», cuja presença se deve principalmente à «boca livre». Não é dessa forma que se conseguem novos contatos e se influenciam pessoas. Circule pelo evento: não se limite a ficar com os seus colegas nem fique batendo papo com velhos amigos e conhecidos, se houver gente nova para conhecer e outras para cumprimentar. Ofereça-se para falar num evento ou para o presidir. Envolva-se e faça de tudo para que a sua presença seja notada e as pessoas saibam que está pronto para negociar.

Talvez não esteja planejando deixar um legado à sua profissão ou ramo de negócio — que pode não ser possível nem rentável — mas manter uma posição de destaque não costuma atrapalhar e dará visibilidade à sua marca comercial. O *networking* lhe oferece uma plataforma para influenciar os seus colegas de trabalho e outros líderes empresariais, tanto dentro quanto fora de sua própria profissão ou ramo profissional.

As pessoas sempre têm e terão de «comprar» as pessoas em primeiro lugar.

O discurso de elevador

Você deve se lembrar da estratégia de *marketing* e vendas denominada *discurso de elevador (*em inglês, *elevator pitch)*. Trata-se de um breve e incisivo discurso de vendas que transmite a sua mensagem negocial de forma rápida e sucinta, mas que vai se fixar na memória do destinatário. O tempo que você leva para se comunicar tem de ser o mesmo do percurso do elevador entre um andar e outro, e o seu discurso deve explicar de forma clara o que você e a sua empresa fazem e como agregam valor.

Quanto a nós, oferecemos ao nosso púbico-alvo, *coroas endinheirados*, ou seja, pessoas com mais de cinquenta anos e endinheiradas: planos de aposentadoria, investimentos e planejamento tributário de heranças. Também cuidamos de um seleto grupo de PME.

Talvez devêssemos limitar o nosso discurso: ajudar as pessoas a investirem em suas aspirações e sonhos. Isto leva um total de nove segundos para ser dito.

A melhor «lábia» que ouvi foi a do dono de uma loja de festas, que simplesmente exclamou: «Nós vendemos diversão!» Fabuloso, ele conseguiu chamar a minha atenção, que era o propósito.

Esteja à vontade se quiser nos criticar. No entanto, há anos que não reavalio o meu discurso, e esta é a hora de o ajustar ao crescimento e à maturidade da nossa marca.

Sugestões são bem-vindas — mas antes de as dar, pense sobre o seu próprio discurso de elevador. Se ainda não tiver um, prepare-se. Se o tiver, será que este ainda reflete a fase de transição em que nos encontramos? Talvez precise atualizar o seu discurso.

Na próxima vez que você acidentalmente se encontrar com a compradora de uma multinacional, vamos chamá-la de «Dona Decisão», o que lhe dirá para fazer a diferença — tendo em mente que a sua abordagem comercial será provavelmente a décima que ela vai ouvir naquela manhã — e garantir que ela marque uma reunião para discutir a sua ideia, produto ou inovação mais recente?

A bailarina

Durante os meses de verão, Katrina, uma estudante de Artes Cênicas, trabalhou conosco. A jovem tinha grandes aspirações: sonhava ter o seu nome nos luminosos do West End de Londres (a maior área de teatros do mundo). Eu lhe perguntei qual era o seu discurso de elevador; ela olhou fixamente para mim, como se não tivesse compreendido a minha pergunta. A vida é saber aproveitar as oportunidades que aparecem.

Perguntei: «Se estivesse numa festa em Londres e, ao sair, tomasse um elevador e lá encontrasse o produtor do musical mais importante do momento, o que você lhe diria para causar uma boa impressão? Lembre-se de que esta poderia ser a sua única chance de dizer "Ei, você precisa de mim em seus musicais!"»

Katrina compreendeu a importância de ter um discurso preparado para causar esta primeira impressão fundamental.

As redes sociais

> «As redes sociais são apenas um clichê até que lhe surja um plano.»
> Anônimo

Utilizo algumas redes sociais, mas ainda me questiono quanto ao seu valor.

Abri uma conta no *Twitter* (@onlinefinancial) logo no começo. «Twitto» regularmente: geralmente adicionando os *hash-tag#financialthoughts* no final de quaisquer notas financeiras. Considerando-me um mero *Twitterati* (membro do *Twitter* que todos querem seguir) menor: tenho mais de 2250 seguidores e sou «retwittado» com regularidade. A interação contínua me agrada, embora não acredite que esta tenha me ajudado a conquistar negócios. Não é este propriamente o meu objetivo.

Algumas pessoas têm dificuldade com relação à espontaneidade do *Twitter* e não sabem o que escrever para parecerem interessantes e passarem as mensagens que desejam transmitir. Ninguém está preocupado com o que você comeu no café da manhã ou se está chovendo no lugar onde se encontra.

«Fazer batota» no contexto do *Twitter* nem sempre é mau. Se sente dificuldade em não ultrapassar o limite de 140 caracteres, escreva 50 a 100 «twitts» que julgar interessantes e relevantes para o seu negócio/meio quando, à noite, já estiver acomodado (de preferência com um cálice na mão, bebericando a sua bebida predileta). Depois, poste apenas dois por dia, marcando os que já foram usados para não os repostar acidentalmente. Existem sistemas dimensionados para o ajudar nisso.

Adicione à mensagem um *hash-tag* pertinente (como #financialthoughts, no meu caso; ou, em português, #pensamentosfinanceiros) para que as pessoas possam seguir a sua mensagem profissional. E pronto! Você já estreou no *Twitter*. No mínimo, poderá se envolver nesta rede social e se familiarizar com ela.

Não se esqueça de adicionar a opção «Siga-nos no *Twitter*» (entre outras) em seu *site*: isso vai, pelo menos, comprovar que você está em contato com as tecnologias modernas e, o mais importante, que é comunicativo.

Não consegui o mesmo sucesso com outras grandes redes sociais e, por julgar que o custo/benefício não valesse tanto a pena, reduzi o tempo que iria destinar a elas para me concentrar em algo mais rentável. Talvez esse resultado tenha a ver comigo e não com os serviços em si e, possivelmente, indique que eu possa ser um tanto jurássico em algumas áreas ligadas à internet.

Escolha um ou mais *sites* favoritos, interaja com eles, mas marque presença em outros também. Normalmente, se você se conectar corretamente, é possível que todos tenham um *link* que aponte para o seu *site* principal.

Será que essas ações de comunicação ou de *marketing* agregam valor tangível ao seu negócio? Talvez não, mas tenho a certeza de que elevarão positivamente o seu perfil e o trabalho que queira destacar. Eu preferiria estar envolvido em mídias sociais a não estar. Estas opções certamente não nos afastam do nosso negócio principal. Este deve ser o seu caso, considerando que o seu negócio esteja a ser bem gerido.

Além disso, como os dados demográficos do Reino Unido estão sofrendo transformações, e a geração mais velha, como a minha, está abrindo espaço para jovens ambiciosos, o valor real deste tipo de mídia poderá vir à tona nos negócios e no comércio. Repito: vivemos num ambiente em transformação, e esse canal de comunicação não existia num passado recente. Não estar envolvido, a meu ver, não é uma opção, porque isto será uma norma para as gerações futuras.

Não faz muito tempo, as pessoas olhavam com desconfiança para os telefones celulares, ultramodernos, que eram do tamanho de tijolos. Numa década, as redes sociais serão o que os celulares são hoje. Envolva-se nas redes sociais ou indique um membro de sua equipe para o fazer, pelo bem de sua empresa.

Completando o círculo

Em meados da década de 1980, o meu pai, ainda relativamente jovem, aposentou-se de seu trabalho de gerente numa agência bancária. O seu desempenho era sólido, tinha uma boa cabeça para negócios e muita energia — graças a isso, a empresa de consultoria que abriu em seguida foi um sucesso. A sua saída era parte de uma estratégia global de realinhamento. O setor bancário do Reino Unido, como um todo, planejava simplificar os serviços através da introdução de novas tecnologias que poderiam substituir e, consequentemente, reduzir a mão de obra e, ao mesmo tempo, esforçava-se para melhorar a eficiência e aumentar as margens de rentabilidade. A saída de meu pai foi o início deste processo, que foi progredindo ao longo da década seguinte.

Na década que se seguiu a esse desenvolvimento, foi introduzido um «novo» plano de *marketing*, uma inovação selvagem para fornecer um bom serviço: o de reintroduzir gerentes de banco verdadeiros, que realmente ajudassem nas necessidades bancárias dos clientes. Que engraçado: o círculo se fechou; mas é interessante notar que, neste exemplo, a solução encontrada para o futuro veio do passado.

Da mesma forma, é um fato notório que, no Japão, a tecnologia de comunicação empresarial «mais recente» se concentre no uso de... um fax! Pensei que a última dessas máquinas tivesse sido mandada para o ferro-velho no final da década de 1990 e que o meu escritório fosse um dos últimos bastiões e museus de tal artefato. No entanto, é apenas mais um exemplo da tecnologia fechando um círculo completo.

Quando examinar linhas inovadoras de produtos ou iniciativas de vendas, pode descobrir que estas têm origem no passado ou estão atrás de você.

Lembre-se de olhar para o que o passado pode lhe ensinar, visando o futuro.

> *«Aquele que controla o passado, controla o futuro;*
> *aquele que controla o presente, controla o passado.»*
> George Orwell

Protegendo a sua propriedade intelectual

Se você já leu os meus livros de negócios, sabe o quanto considero importante a proteção da propriedade intelectual de uma empresa, em todos os aspectos. Esta era a minha opinião mesmo antes da disputa de marca que a minha empresa enfrentou, detalhada no Capítulo Seis. Para alguns empreendedores, a marca não é importante, mas para outros ela é parte integrante do valor concreto da empresa. Sempre recomendo que você assegure todos os seus ativos passíveis de proteção intelectual que espera vender no futuro.

Como exemplo, se possui uma marca, certifique-se, sempre que possível, de que também é detentor de:

- Registro de companhia limitada (mesmo no caso de a sua empresa não se enquadrar nesta categoria, ela poderá ser mantida como uma entidade inativa)

- Nome de domínio do *site* (.com, .com.br ou outros)

- Marca registrada, tanto do nome quanto do logotipo

Uma vez terminada a causa, que contra mim foi impetrada, para disputar a minha marca — que durou cerca de vinte meses e me custou um bom dinheiro, muita energia e angústia — percebo a importância deste processo. Como esta experiência me ensinou, é valioso proteger os pontos anteriormente descritos. O desafio era exatamente isso: *desafiante*.

O tempo, o planejamento e o esforço seguiram em frente. Venci a causa? Como num divórcio, não penso que existam verdadeiros vencedores, apenas um compromisso garantindo que cada parte não destrua ou onere o negócio do outro.

Enquanto a sua marca cresce, siga o meu conselho e a proteja agora.

Linguagem da web

Alguma vez você já verificou quem poderia ter plagiado o texto, tão cuidadosamente elaborado, do seu *site*? A imitação pode ser o maior elogio — mas nunca quando se trata de seu negócio. Há sempre o risco de que, no mínimo, outra empresa esteja tentando se passar pela sua.

Existem *sites* que permitem que você verifique esta questão, por exemplo: www.copyscape.com. Faça uma pausa para examinar esse assunto. Para nós foi bastante revelador: havia um *site* com as nossas fotos! Uma breve carta de nosso advogado logo resolveu esta questão.

Espero que essas notas o tenham alertado quanto à segurança de sua marca comercial e quanto ao valor da boa reputação que você construiu e espera vender algum dia. Você é o detentor do nome, mas poderá perdê-lo se não o proteger. Ignore essas questões por sua conta e risco.

> «Nem tudo o que pode ser contado conta, e nem tudo o que realmente conta pode ser contado.»
> Albert Einstein

Chutando o pau da barraca

Durante toda a minha vida profissional tenho trabalhado em serviços financeiros no Reino Unido.

Em primeiro lugar, respeitar normas de regulamentação, bem como obedecer às regras e exigências fiscais, constitui uma porção significativa do meu trabalho. São funções tediosas, mas têm os seus bons momentos.

Em segundo lugar, parte desse trabalho é entender as necessidades dos clientes e as motivações e emoções subjacentes a essas. Isso significa, na realidade, *entrar na pele* dos seus clientes para realmente os entender — em vez de adivinhar por que eles se encontram nesse ponto da vida e tentar explicar-lhes porquê devem assinar na linha pontilhada para que os seus problemas e aspirações sejam resolvidos. É um privilégio compartilhar esses pensamentos e planos com eles.

Estes dois lados da profissão nem sempre convivem em harmonia, porque quando você está lidando com as emoções dos clientes, é impossível acertar sempre. As pessoas são complicadas, e ao compartilhar com você os seus pensamentos mais íntimos sobre questões sérias da vida, podem se sentir expostas demais. Errar pode gerar reclamações, que por sua vez podem acarretar problemas face à regulamentação. Um número excessivo de reclamações pode ser sinal de uma prática de vendas pobre.

Certa vez, ouvi um empregador sugerir que um número muito *pequeno* de reclamações indica que o profissional não está atingindo os sentimentos mais íntimos de um cliente durante a negociação, para obter o máximo de interação na consulta e, finalmente, realizar a venda. Para mim, na época, este era o equilíbrio que o consultor financeiro precisava encontrar: ganhar a confiança do cliente enquanto maximizava/promovia a venda.

Destes dois, «a promoção» pode ser menos lucrativa para todos os envolvidos, no médio e longo prazo. Negociar é uma arte.

Ao administrar uma empresa, a sua interação ou negociação com os clientes, empresas e associados pode, por vezes, levar a debates acalorados e até mesmo a conflitos. Ocasionalmente, isso o pode fazer «chutar o pau da barraca» em decorrência da emoção, da lógica, dos seus princípios ou de todos estes combinados. Ao contrário do que se poderia supor, agir assim pode conferir-lhe uma autoridade maior, por se manter firme em relação a uma questão que acredita ser importante para você, para a sua empresa e para o seu futuro. Muitos vão aplaudi-lo em tais ocasiões, por ser assertivo e fiel aos seus princípios e normas.

De qualquer forma, evite esses acessos de raiva ou ficará com uma reputação de ser pueril quando não consegue as coisas do seu modo. Recentemente, tive contato com um diretor que agia como se os seus subordinados fossem amadores, incapazes de gerir negociações comerciais, mesmo as mais básicas. Nesses momentos, todos os envolvidos se afastavam com um gosto amargo na boca e fariam o possível para evitar quaisquer envolvimentos futuros com esse indivíduo ou a sua empresa.

Enquanto você amadurece como proprietário/diretor de uma PME, pode se tornar arrogante e ter um sentimento irreal de segurança quanto à robustez de seu negócio, julgando-o acima de qualquer crítica. Foi o que descobriu o proprietário de uma cadeia de varejo bem conhecida (e atualmente falida), quando descreveu os produtos de sua empresa como «porcaria!» As repercussões que se seguiram falam por si.

Reflita sobre cada transação, negociação e as suas consequências antes de decidir se assumirá uma atitude firme em relação a uma questão. Pode funcionar, ou o resultado pode ser exatamente contrário ao que espera.

Bisbilhotando a concorrência

Você vai saber quem são os seus maiores concorrentes. E eles vão ouvir falar de você. Como estarão sempre se transformando e evoluindo, convém manter sempre um olho neles para ver o caminho que pretendem tomar no mercado em que vocês operam. A internet oferece esta oportunidade.

Às vezes me dá a impressão de que a internet parece ter sido criada exclusivamente para Esther, a minha esposa, que também é engenheira civil. Ela tem a capacidade de extrair informações do *World Wide Web* que eu não teria acreditado que existissem. Tudo disponível gratuitamente (se souber onde procurar) e de forma transparente: a internet é uma janela para ser usada e questionada. Cada tópico, dentro do razoável, tem uma maneira de revelar todas as informações, permitindo a Esther juntar um dossiê sobre o seu alvo escolhido.

Existem inúmeros *sites* excelentes, especificamente projetados para permitir que você bisbilhote informações que alguns esperam que não estejam disponíveis ao público. Cada empresa ou negócio deixa «pegadas»; depende de você encontrar o seu rastro, se for de seu interesse.

Há muitos *sites* que oferecem serviços de informação comercial. Seguem dois exemplos, entre outros:

- http://www.consulteinfor.com.br/paginas/empresa. html

- http://www.dnb.com.br/

Estes são úteis por várias razões. Você pode desejar:

- Examinar a força financeira de um negócio

- Confirmar o ano em que o negócio realmente começou a atividade. A empresa pode ter se registrado — o registro do nome é simples (e, no Brasil, dependendo do estado, pode ter um custo inferior a R$100,00), mas isso não significa necessariamente que tenha começado a atuar

- Confirmar se estão cumprindo as obrigações regulamentares em tempo hábil. Se não for este o caso, isso pode indicar falhas quanto à aptidão administrativa global ou atenção ao pormenor (os *sites* de informações comerciais são muito úteis para isso)

- Verificar se a empresa ainda está em atividade, especialmente se ela afirma estar utilizando a marca de forma consistente

Bisbilhotando você

«Conhecimento é poder.»
Francis Bacon

As ferramentas da internet, como o www.statcounter.com ou o Google Analytics (pesquisa de *sites* que lhe diz quem tem navegado pelo seu *site*, por quanto tempo e em quais páginas) podem ser úteis para que saiba quem pode estar interessado na sua empresa antes de entrar em contato com você.

Estar ciente da situação de um concorrente ou prestador de serviços (além da bravata de vendas que ele vive anunciando) sempre vale a pena, para confirmar ou esclarecer a verdadeira posição de negociação e as possíveis intenções da outra parte.

Não leva muito tempo, uns cinco minutos — se você souber pesquisar — para conseguir todos os dados aqui mencionados. Estes lhe fornecem uma visão significativa da realidade, o que pode lhe ser vantajoso em algumas situações de negociação.

O seu planejamento de negócios

⏲ Você já registrou a sua marca e o seu logotipo, por terem superado o seu valor real? Quem o pode ajudar?

_____

_____

_____

⏲ Como você planeja a sua rede de contatos comerciais? Como monitora os seus resultados?

_____

_____

_____

⏲ Costuma coordenar este monitoramento com a sua equipe para obter dele o máximo valor?

_____

_____

_____

⏲ A sua empresa tem uma política de rede social?

_____

_____

_____

⏲ Quando foi a última vez que esta política foi revista? Como você a avalia?

_____

_____

🕐 Quando foi a última vez que você revisou e renovou o seu *site*?

_____

_____

_____

🕐 Quem trata do *marketing*? Os seus responsáveis são as pessoas certas para isso?

_____

_____

_____

🕐 Será que a combinação desses planos ou políticas de *marketing* e *networking* estão dimensionados para produzir um efeito máximo?

_____

_____

_____

🕐 Será que eles refletem o dinamismo que você prevê para o futuro?

_____

_____

_____

🕐 Você já bisbilhotou o seu próprio negócio a fim de obter informações sobre ele e ver o que os outros podem descobrir sobre a sua empresa?

_____

_____

_____

Manual Do Empresário:

Capítulo Dez
Animado com o futuro?
Você deveria estar!

Se se sentir preparado para o futuro, responda às seguintes perguntas, simples mas desafiantes:

- De onde vem a sua empresa?

- Onde se encontra agora?

- Onde você quer que ela esteja no futuro?

- Qual a data prevista para alcançar este objetivo?

São quatro perguntas simples, embora cada resposta exija um planejamento completo.

Ultimamente, muitos empresários dinâmicos e determinados vêm demonstrando necessidade de crescer. Os projetos e respectiva implementação que ocorrerão nos próximos doze meses, enquanto saímos da recessão a caminho da prosperidade, farão toda a diferença. Haverá necessidade de foco e trabalho duro — o que para você não é nenhuma novidade.

Esta é a hora de definir a sua proposta de negócio e colocá-la em prática, para superar os seus concorrentes no futuro.

Há muitos exemplos bem-sucedidos no passado: algumas das marcas mais conhecidas hoje eram empresas modestas, que tiveram essa abordagem enquanto a economia saía da recessão.

> *«A melhor forma de predizer o futuro é criá-lo.»*
> Peter Drucker

Cada companhia ou sociedade tem de passar obrigatoriamente pelas seguintes fases: inicial, de desenvolvimento e de amadurecimento; a sua empresa não é diferente. Só depende de quão longe pretenda levá-la. O céu é o limite, se você tiver vontade, inteligência, energia e determinação.

Manter o foco comercial agora será mais importante do que nunca, já que muitas empresas evoluem transformando um modelo de mera sobrevivência em um de ambição acelerada. Concentrar-se no final do jogo deve ser uma prioridade para o programa de crescimento que você está prestes a recomeçar.

Concentre-se no final do jogo

Começar, tendo o fim em mente é a cultura de todo bom negócio, qualquer que seja o seu modelo: linha de produção, marca ou serviço como um todo.

Tenho de admitir que assim que comecei o meu negócio, décadas atrás, resisti a esta filosofia, principalmente porque estava acostumado com o sistema das grandes empresas, cujos processos, reuniões, notas, legislação, regulamentação e tudo o mais pareciam apenas tumultuar a mensagem a ser transmitida. Tenho certeza de que isso lhe soa familiar. Eu, às vezes, ainda me refiro a esses distúrbios como *ruídos*, capazes de abafar a verdadeira mensagem. A maioria dos meus leitores concordará que é fácil ensurdecer quando se está a caminho do crescimento.

Por exemplo, construir uma casa num determinado terreno exige muito planejamento, tempo, dinheiro e negociação antes que se possa, finalmente, colocar a chave na porta e mudar-se para lá. O processo foi acontecendo por etapas, tendo como resultado final a obtenção de uma habitação adequada.

O mesmo se aplica à produção de qualquer produto, seja ele tangível ou não: desde o planejamento do valor de uma pensão até à venda de um par de óculos, passando pela produção de um carro ou de uma lata de doces. A entrega do produto final é o objetivo e a meta a atingir, desde que o prazo, o orçamento e a margem de lucro predefinidos sejam cumpridos.

Eficiência e volume

Cada resultado é um produto final; o lucro comercial decorre da *eficiência* e *quantidade* da produção — assumindo que o modelo de seu negócio original esteja certo (caso contrário, talvez seja tarde demais para ler este livro).

Os mercados se transformam com o tempo. O que era rentável no passado não o será necessariamente no futuro. Como já observamos, essa é a razão por que muitas empresas fracassam ao sair da recessão. A produção e as vendas de CD nos fornecem um exemplo bem ilustrativo desta situação. Como já sugeri, manter-se estável na verdade significa retroceder. A história mostra que a inflação nunca estagna por muito tempo, nem o comércio.

Quando se olha para o futuro, há a necessidade de se ter em mira um investimento em tecnologia e sistemas de produção mais eficientes, em maior escala e com custos mais baixos. Investir em seu pessoal talvez seja ainda mais importante. Atenha-se a estes pontos em sua empresa.

Visão do futuro

Você se lembra da época em que uma empresa que tivesse um mero folheto publicitário era vista como bem-sucedida? E, com o passar dos tempos, o fato de ter um *website* já a colocava na vanguarda da comunicação empresarial? Que moderna! E ainda mais, tendo um endereço de e-mail!

Estou certo de que você já cogitou em acrescentar os QR Code (abreviatura de *Quick Response Code* ou Código de Resposta Rápida) em seus cartões de visita, com a finalidade de direcionar *smartphones* para o seu *site*, ou melhor ainda, para o seu próprio aplicativo (isso pressupõe que você já tenha um App).

Cada qual a seu tempo, representava o topo de gama das comunicações empresariais. O que virá a seguir? A realidade é que, como empreendedor, você precisa estar pronto para abraçar as novas tecnologias de comunicação e os modos pelos quais estas se tornam disponíveis. Esforce-se ao máximo para que outras empresas, empresários e público-alvo de seu produto o encontrem e consigam se comunicar facilmente com você.

> *«Para se obter recompensas na vida, é necessário estar disposto a desistir do passado.»*
> Anônimo

Por que só os supermercados inovam?

Há supermercados na Inglaterra, bem como no resto da Europa, nos quais o consumidor tem a opção de passar por um caixa onde ele próprio registra o código de barras dos produtos e depois os coloca nas sacolas (de preferência, nas que trouxe de casa): assim economiza tempo. Desconheço se no Brasil já exista essa opção.

Não há nenhuma razão para que este princípio não seja estendido ao comércio em geral; Como alternativa, o consumidor poderia, navegando pelos sites de vários estabelecimentos comerciais, escolher produtos de sua preferência e criar listas de itens favoritos. Com base nisso, o consumidor chegaria a uma lista de compras definitiva, submetendo por fim o pedido, que lhe seria entregue no domicílio. A partir daí, todas as compras seriam feitas dessa forma e entregues em casa.

Diante de tantas inovações tecnológicas, como os QR Code, os sistemas de pagamento sem necessidade de contato, entre outras, acredito que esta prática vai se tornar inevitavelmente um padrão comercial. É uma oportunidade de negócio simples, já à sua disposição. No entanto, isto é uma mudança e tem de ser abraçada.

Tenho certeza de que o seu computador, mesmo o de tela plana, será em breve substituído por um *tablet* e outros dispositivos tecnológicos. Esteja pronto para essas inovações que mudarão a forma de as empresas fazerem negócios no futuro, quaisquer que sejam os campos de atuação.

Organizar a sua estratégia

Como você é um líder empresarial, espero que este livro o tenha inspirado a fazer uma pausa para refletir, dissecar e questionar, comparar e contrastar, reconstruir e, finalmente, concentrar-se e voltar a se envolver com vigor no seu negócio!

Como fará isso?

Refletir

- Você atingiu o alvo?

- A sua jornada valeu a pena?

- Com o fim em mente, a sua trajetória de crescimento ainda está em curso?

- Se a anterior recessão não tivesse ocorrido, a sua posição atual seria diferente? Como?

Dissecar e questionar

- O que você teria feito diferente se a sua bola de cristal lhe tivesse sugerido fazer alterações?

- As antigas atas das reuniões de diretoria ainda refletem a direção que você pretende seguir?

- O que mudou e o que terá de mudar para estar pronto para os anos de *boom*?

- De forma fria, onde poderia reduzir custos?

- O seu produto ou serviço ainda corresponde ao modelo dinâmico de seu lançamento? Será que o seu produto, ou serviço, precisa de uma revisão ou reformulação no *design*?

- Seria apropriado, para planejar o seu crescimento, realizar agora uma pesquisa junto de seus clientes ou consumidores finais? Qual seria o resultado desta pesquisa?

Comparar e contrastar

- Quem são os seus principais concorrentes e o que fazem para competir, de forma eficaz ou não, com você?

- Qual é o caminho de sua indústria, comércio ou profissão? Existem tendências novas e interessantes no horizonte?

- Quais as novas técnicas que poderiam ser aplicadas para lhe poupar custos ou aumentar o alcance de seus produtos?

- O seu produto, ou a sua linha de serviço, tem à disposição uma *economia de escopo* ou *de escala*?

Reconstruir

- Quais as mudanças que podem ser agora introduzidas e efetivadas para desenvolver o seu negócio?

- O seu produto ou a sua gama de serviços estão adequados ao mercado? Será que deveriam ser modernizados ou, melhor ainda, desenvolvidos? Como?

- Quais os desafios que estas mudanças implicarão no curto, médio e longo prazo?

- Por que estes desafios? Como os vai vencer ou se preparar para eles?

Concentrar-se e voltar a se envolver

- Você continua a acreditar no seu sucesso empresarial?

- Como vai transmitir à sua equipe e aos consumidores finais a sua visão em relação à mudança e respectivo processo?

- Envolva os seus funcionários no objetivo final. Será que eles compreenderão este objetivo e a ele vão aderir?

- Faça-o agora. O fim da recessão não vai esperar por você!

> *«As expectativas da vida dependem de zelo; o mecânico que deseja um trabalho perfeito precisa primeiro amolar as suas ferramentas.»*
> Confúcio

Concorrência

Acredito que outras empresas, organizações e categorias profissionais também estejam considerando as oportunidades reais que agora têm à frente. Também elas terão de realizar mudanças, embora diferentes das suas. Somos todos diferentes, mas a meta a atingir para se ganhar o jogo final que é o crescimento será a mesma.

Não há dúvidas: a economia vai reerguer-se; é apenas uma questão de saber o lugar que pretende ocupar na nova era de crescimento. As notas acima lhe fornecem uma estrutura para investigar a respeito de onde você se encontra, e espero que se sinta encorajado a libertar-se de suas preocupações do dia-a-dia (apenas por um curto espaço de tempo), a fim de se concentrar no que você e a sua empresa realmente desejam alcançar. Talvez precise tirar alguns dias para realizar um planejamento estratégico; ou, ainda, o poderá fazer durante a semana, à noite, enquanto bebe um copo de vinho. Faça da forma que mais combine com o seu estilo, desde que seja agora.

Aproveite a viagem

Senti prazer em preparar o texto deste livro. Enquanto escrevia, consegui escapar do casulo da minha empresa o tempo suficiente para me concentrar nas mudanças que precisaria introduzir, a fim de me adaptar à curva de prosperidade que está prestes a ocorrer. Seria insensato pregar todo esse planejamento empresarial e não o utilizar em meu próprio negócio!

Este processo permitiu-me revisitar muitas ideias, iniciativas, experiências históricas, projetos e resultados, para o nosso benefício. Senti-me satisfeito por constatar que estamos mais próximos de nossa nova meta do que eu imaginara — o que não significa que mudanças estratégicas não serão feitas. Pelo contrário, serão propositadamente desafiadoras, e, ao pousar a caneta que ora uso para escrever, abordarei cada uma destas mudanças.

Não posso deixar nada me escapar, e você também não deveria!

Você está realmente pronto?

É solitário estar na liderança de um negócio. Nunca será fácil ser chefe. Tenho certeza de que não espera que derramemos *lágrimas* por você. O seu objetivo será outra palavra começada pela letra «L»: lucro. Mesmo quando você tiver a ambição de passar de empresa P (pequena) à M (média), e depois a uma grande corporação, o comércio exigirá alguns prisioneiros, e você terá como objetivo estar no topo da sua atividade comercial, industrial ou profissional, em todos os momentos.

Você não iniciou a sua empresa para fazer amizades. O seu objetivo foi transformá-la num êxito, que vai lhe proporcionar renda e gerar um ganho real de capital quando você estiver pronto. Mantenha-se fiel ao caminho que traçou.

> *«Os bons líderes empresariais criam uma visão, articulam-na, dela se apossam com paixão e, incansavelmente, transformam-na em realidade.»*
> Jack Welch

Faça-o agora

A hora é agora. O que fará nos próximos doze meses para acompanhar a ascensão da curva da economia — que está saindo da recessão e apontando para a prosperidade — pode fazer toda a diferença nos próximos dez anos.

Apenas como um aparte, após a publicação do original deste livro, um pouco antes de lançar a sua edição em português, por acreditar que este seja um momento de mudança, inaugurei uma filial na cidade de Woking, que apesar de ficar a apenas dez quilómetros de distância de Guildford, onde se localiza a matriz, promete uma grande expansão, pois o público da região é comodista e não gosta de se deslocar para obter serviços.

O mundo não vai ficar parado: ser inovador e cheio de energia agora fará toda a diferença. Prevejo que, neste livro, haverá vários pontos que desafiarão o seu pensamento atual, assim como muitas questões o motivarão a fazer um balanço entre onde você está e onde pretende chegar. Há muitas palavras positivas polvilhadas ao longo do texto destas páginas, além de ideias e pensamentos aplicados, para o ajudar a planejar a sua trajetória de crescimento e as formas realistas de o alcançar.

Experiência compartilhada

Cada um de nós terá vivido uma jornada empresarial diferente, mas todos teremos compartilhado muitas experiências, situações, frustrações, angústias e também sucessos. O nosso maior êxito pode ter sido simplesmente o de ter sobrevivido à recessão.

No nosso futuro haverá crescimento

Também acredito que o nosso maior desafio a enfrentar ainda está por vir: o de utilizar o trampolim que é a nossa empresa, já estabelecida, para subir ao próximo patamar de sucesso empresarial. No ciclo econômico pelo qual estamos passando, muitos diretores e executivos preferem estar fora da incubadora e prontos para capitalizar o trabalho anterior, ao invés de iniciar uma nova empresa. Até certo ponto, concordo com esse sentimento: o próximo período, que será curto, é a melhor oportunidade, senão a única, na próxima década ou mais, para que os líderes empresariais estejam preparados para crescer de uma forma jamais vista.

Você está pronto agora?

Repito a pergunta da contracapa deste livro: «Você e a sua empresa estão prontos?» Só você terá condição de responder. O tempo dirá se está certo, mas seja lá o que fizer, não deixe passar essa oportunidade, possivelmente única, para se certificar de que reviu e implementou mudanças em sua empresa que garantam que esteja realmente preparado.

A curva de mudança nos negócios da economia global nos reserva prosperidade e oportunidades. A questão é apenas esta: quanto desta oportunidade de crescimento você e a sua empresa almejam.

Vemo-nos na reta de chegada!

O seu planejamento de negócios

🕐 Quais são as principais metas que você deve definir durante os próximos doze meses, para serem alcançadas nos próximos cinco anos? Por que essas metas?

_____

_____

_____

🕐 Você já estimou o tempo que vai levar para atingir cada meta definida?

_____

_____

🕐 Como vai avaliar se essas metas são tão eficazes quanto deveriam ser?

_____

_____

_____

🕐 Por que estabeleceu estes prazos para as metas? Estes podem ser ampliados?

_____

_____

_____

🕐 Qual a direção que acha que os seus concorrentes vão tomar? Por quê?

_____

_____

_____

🕐 Como vai estruturar uma revisão semestral de seu programa para cumprir as metas definidas?

_____

_____

_____

🕐 Se pudesse mencionar uma coisa que fará diferente a partir de agora para atingir os resultados almejados, qual seria?

_____

_____

_____

🕐 Você e a sua equipe *acreditam* que a sua empresa terá sucesso no futuro?

_____

_____

_____

🕐 Você e a sua empresa estão prontos para a prosperidade, o crescimento e a eventual venda do negócio?

_____

_____

_____

Epílogo

Antes de me sentar para começar a escrever este livro, acreditando que realmente chegara o «Tempo de Crescer», formulei a mim mesmo as seguintes perguntas:

⏱ *O que leva este livro a ser diferente de qualquer outro?*

Quando um novo negócio já não pode ser chamado de *iniciante*, mas ainda tem de realizar o seu potencial máximo, pode ser um desafio ao empresário encontrar alguém que lhe dê uma opinião e orientação bem fundamentadas, compartilhando da sua experiência.

Ninguém precisa ser lembrado sobre a crise econômica causada pela recessão. Este livro se concentra em ideias, lembretes e pensamentos motivacionais de líderes empresariais que vão reacender e reviver a fase de crescimento dos seus planos de negócios há muito guardados.

Este é o momento ideal para os empresários e diretores aproveitarem a oportunidade que está diante de *seus* negócios. Acredito que as decisões que tomarem no curto prazo influenciarão o sucesso obtido nos próximos anos.

⏱ *Por que agora?*

- Porque, nos próximos doze meses, a recessão realmente chegará ao fim, e o comércio retomará a jornada rumo à prosperidade

- As ideias deste livro, que se apresentam em forma de notas, o ajudarão a recordar, como empresário, de ideias, teorias, objetivos e metas que o vão inspirar a agir

⏱ *Para quem escrevo este livro?*

- Para diretores e sócios de PME

- Para aspirantes a empresários

- Para os CEO de empresas, bem como de instituições de caridade já estabelecidas ou em fase de amadurecimento

- Para os líderes que «estancaram» em suas empresas e que pretendam se libertar dos grilhões da recessão e avançar com vigor e entusiasmo renovado

⏱ *Como posso tornar inspirador um assunto tão árido?*

A partilha de experiências, erros, acertos, ideias, lembretes e opiniões vai permitir que você, como leitor, absorva a energia e, espero, o dinamismo deste livro, o que fará uma diferença real nas decisões e orientações dos líderes empresariais no próximo ano.

Acabei de responder à pergunta acima.

Fontes

- *Kinky Boots (Fábrica de Sonhos)*, filme de Geoff Deane e Tim Firth, 2005

- *The impact of price frames on consumer decision making* (em tradução livre: *O Impacto na Tomada de Decisão do Consumidor pela Prática de Framing nos Preços*), pela doutora Amelia Fletcher, economista-chefe do Office of Fair Trading (Gabinete Britânico para o Comércio Justo), maio de 2010

- *The motivation to work (A motivação para o trabalho)*, Teoria da motivação-higiene, de Frederick Herzberg, 1959

- *Prospect Theory (Teoria da Perspectiva)*, de Kahneman e Tversky, 1979

- *The Hawthorne Experiments* (A *Experiência de Hawthorne*), por Elton Mayo, professor em Harvard, 1927-1932

- *Office for National Statistics* (Instituto Nacional de Estatística do Reino Unido), *Divorce Statistics 2011* (Estatística do Divórcio do Reino Unido 2011), publicado em dezembro de 2012

- *Economies of Scale in Multi-Output Production*, por John C Panzar e Robert D Willig (1977), The Quarterly Journal of Economics, Panzar and Willig (1977, 1981)

Sobre o autor

Keith Churchouse BA (Hons),

Membro da Sociedade de Finanças Pessoais do Reino Unido

Planejador Financeiro Certificado®,

Planejador Financeiro Pessoal ISO 22222

Atuando na indústria de serviços financeiros por mais de um quarto de século, e sendo altamente qualificado em serviços financeiros no Reino Unido, Keith fundou em 2004, com Esther Dadswell, a Chapters Financial Limited — uma empresa credenciada em planejamento financeiro, em Guildford, Surrey. A empresa é autorizada e regulamentada pela Financial Conduct Authority (Autoridade de Conduta Financeira), do Reino Unido.

Keith se formou em Finanças (*BA with Honors*), em 2007, na Napier University e, em dezembro de 2007, tornou-se membro da Sociedade de Finanças Pessoais (Fellow of the Personal Finance Society). Em 2008, utilizando as normas internacionais (Standards International), foi a quarta pessoa no Reino Unido a alcançar o status de ISO 22222 em Planejamento Financeiro Pessoal, a norma britânica para planejadores financeiros pessoais.

Sendo membro ativo da comunidade empresarial de Surrey, em 2011, Keith tornou-se presidente do Fórum Empresarial de Guildford; além disso, é membro do conselho de duas prestigiadas instituições de caridade. Durante a elaboração deste livro, ele se tornou membro do conselho do programa de estagiários da Faculdade de Guildford (*Apprentice Ambassador*) e é diretor de várias empresas da região. Keith faz regularmente comentários, na qualidade de especialista, na imprensa britânica e nos últimos oito anos tem sido frequentemente entrevistado em questões financeiras pela BBC.

Em 2010, Keith detalhou os seus vinte e cinco anos de experiência em serviços financeiros no seu primeiro livro, *Assine aqui, aqui e aqui!... Jornada de um consultor financeiro.*

Tem presença ativa na mídia social e pode ser encontrado no *Linkedin.com* e no *Twitter* como @onlinefinancial.

Além disso, procura ter uma vida fora do trabalho; gosta de escrever livros, aprecia arte, carros clássicos e *scooters*, além de manter a forma, praticando ciclismo e mergulho.

designed by